인공지능과 함께하는 미래교실

박찬, 장유림, 이창훈, 권우경, 김보승, 황성욱, 주예지,
박예원, 이가현, 김성범, 조현승, 김민정, 최윤령

다빈치 books

인공지능과 함께하는 미래교실

초판 1쇄 인쇄	2022년 3월 17일
초판 1쇄 발행	2022년 4월 1일
기획제작	변문경 ㈜메타유니버스
책임편집	김현
저자	박찬, 장유림, 이창훈, 권우경, 김보승, 황성욱, 주예지, 박예원, 이가현, 김성범, 조현승, 김민정, 최윤령
디자인	이시은(디자인 다인)
펴낸곳	다빈치 books
등록일	2011년 10월 6일
주소	서울특별시 마포구 월드컵북로 375
팩스	0504-393-5042
전화	070-4458-2890
콘텐츠 및 강연 관련 문의	p2chan1003@naver.com (박찬 대표저자)

*이미지 리소스:ShutterStock의 정식라이선스를 사용하였습니다.

ISBN 979-11-86742-76-1

* 파본은 구입하신 곳에서 교환해 드립니다.
* 저자의 강연 요청은 이메일을 통해서 가능합니다.

인공지능과 함께하는 미래교실

함께하는

미래교실

박찬, 장유림, 이창훈, 권우경, 김보승, 황성욱, 주예지,
박예원, 이가현, 김성범, 조현승, 김민정, 최윤령

다빈치 books

CONTENTS

인공지능교육으로
미래교실 만들기

인공지능 시대의 도래

2020년 세계보건기구(WHO)는 전 세계를 전염병의 공포로 몰고 간 코로나바이러스감염증-19(COVID-19)에 대해 세계적 대유행을 뜻하는 '팬데믹'을 선언하였다. 하지만 놀랍게도 신종 코로나바이러스로 인한 코로나바이러스감염증-19(COVID-19)의 확산을 처음으로 경고한 곳은 세계보건기구(WHO)가 아니라 캐나다의 인공지능인 블루닷(BlueDot)이었다. 인공지능 블루닷이 보건 전문가들보다 먼저 코로나바이러스감염증-19(COVID-19)의 위험성을 인식하고 경고한 것이다.

이제 인공지능 스피커를 가지고 있는 가정들도 많고 인공지능 챗봇으로 상담받는 일도 많아졌다. 스마트폰으로 사진을 찍을 때 인공지능이 사람의 얼굴이나 신체를 인식하여 스티커를 붙이거나 얼굴 모양을 바꾸어서 사진을 찍을 수 있도록 돕기도 한다. 쇼핑몰에서 나의 취향을 알아서 새로운 상품을 추천하기도 한다. 이미 우리 생활에도 인공지능이 깊숙이 들어와 있다.

인공지능(AI, Artificial Intelligence)은 인간의 학습능력, 추론능력, 지각능력과 같은 인지적 능력을 인공적으로 구현한 컴퓨터 시스템이다. 즉, 기계가 인간처럼 생각하고 학습하여 판단할 수 있는 능력을 갖춘 것을 의미한다.

인공지능은 인간의 여가, 산업, 의료, 예술, 금융, 복지 등의 분야에 활용되어 인간 이상의 능력

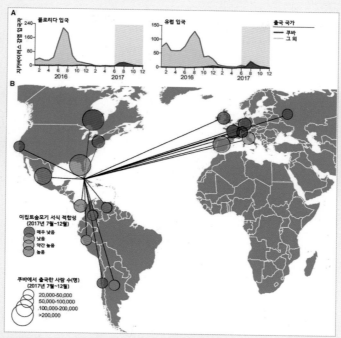

블루닷이 항공으로 미국 플로리다와 유럽에 입국한 지카 바이러스 감염자의 출발지를 분석

출처: N.D.Grubaugh et al.(2019). "Travel Surveillance and Genomics Uncover a Hidden Zika Outbreak during the Waning Epidemic."

을 발휘하며 많은 문제를 해결하고 있다. 예를 들어 암을 진단하는데 활용하는 인공지능 왓슨, 공장의 생산에 투입되어 각종 센서로 데이터를 받아들이고 스스로 판단하고 행동하면서 단순하고 반복적인 업무들과 힘들고 위험한 일을 맡아 처리하는 인공지능 로봇, 그림을 그리고 작곡하며 악기를 연주하는 인공지능들이 이미 상용화되어 사용되고 있다. 또한 스마트폰 비서와 인공지능 스피커가 생활의 편리함을 증대시켜 줄 뿐 아니라 노인의 말동무가 되어주고 아이들의 선생님이 되어 주기도 한다. 넷플릭스나 페이스북에서 영화나 친구를 추천해주는 추천 시스템, 인터넷에서 자주 볼 수 있는 챗봇 등 우리 생활에 가깝게 활용되는 인공지능들도 있다.

미래기술로 기대되는 자율주행자동차도 인공지능의 집약체이다. 스마트폰이나 인공지능 스피커가 사용자의 음성을 인식해 집 안의 모든 사물인터넷(IoT) 기기를 연결하고 사용자의 요구사항에 따라 자동으로 작동하거나 원격으로 조종하는 스마트홈도 인공지능으로 가능할 수 있다.

지금 우리의 아이들이 성장하여 직업을 가질 때가 되면 어떤 일을 하든 인공지능이 적용되지 않은 것이 없을 것이다. 우리 아이들에게 인공지능에 대한 개념을 알고 활용할 수 있는 능력이 없다면 미래 사회에서 도태될 가능성이 커질 것이다.

시대적 요구로서 등장한 인공지능교육

손정의 소프트뱅크 회장은 인공지능이 인류 역사상 가장 큰 혁명을 초래할 것이라고 말하며 이에 우리나라가 해야 할 것은 "첫째도 인공지능, 둘째도 인공지능, 셋째도 인공지능"이라고 하면서 전폭적 인공지능 육성 정책의 필요성을 강조하였다.

인공지능 교육에 대한 세계 동향을 살펴보면 다음과 같다. 인공지능 분야에서 세계 최고 경쟁력을 보유하고 있는 미국은 2016년 10월 국가과학기술협의회에서 인공지능 국가 연구 개발 전략을 발표하고, 인공지능의 기술적 수요 확인, 공공 정책 수립 및 장기적 연구 개발 투자 효과 극대화를 위한 국가 차원의 프레임워크를 제안하였다. 유럽연합(EU)의 국가들도 초·중등학교에서의 인공지능 교육의 필요성을 인지하고, 학교급과 나이에 상관없이 모든 시민이 인공지능 문해력을 습득할 수 있도록 노력하고 있다. 중국에서는 국가 주도로 인공지능 교과서를 개발하고 2019년부터 초중등 교육에 도입하고 있으며 일본, 인도 등에서도 미래인재 양성 차원에서 초중등 교육에 인공지능 교육을 준비하고 있다.

우리나라도 시대적 요구에 부응하고자 2019년 12월에 인공지능 국가전략을 발표하였다. 'IT 강국을 넘어 AI 강국으로"라는 비전을 세우고 세계를 선도하는 AI 생태계를 구축하며 인공지능을 가장 잘 활용하는 나라, 사람 중심의 인공지능 구현이라는 핵심전략을 세웠다.

인공지능이 국가의 주요 의제가 됨에 따라 교육 분야에서도 인공지능 교육에 대한 요구가 커지고 있다. 이에 정부는 2020년 11월에는 인공지능 시대 교육정책 방향을 발표하면서 대한민국의 미래 교육이 나아가야 할 길을 제시하였다. '인간다움과 미래다움이 공존하는 교육 패러다임 실현'을 비전으로 제시하였으며 3대 정책 방향을 내세웠다. 첫째, 미래인재 양성의 방향은 '감성적 창조 인재'로 설정하였다. 둘째, 학습환경은 '초개인화 학습환경'으로 변화할 것을 예고했다. 셋째, 정책 형성과정은 '따뜻한 지능화'를 추구할 것이라고 밝혔다.

인공지능교육의 방향

인공지능교육이란 인공지능의 혜택을 누리기 위해 필요한 지식과 기능을 배우고, 인공지능과 함께 살아가기 위해 필요한 가치와 삶의 방식을 배우는 교육을 의미한다. 초·중등 인공지능 교육에서는, 인공지능 리터러시(AI literacy)를 갖추고 현재의 컴퓨팅 사고력과 소프트웨어 교육 역량을 기반으로 인공지능의 기능을 적용하여 창의적인 산출물을 만들어 낼 수 있는 역량을 주요 목표로 한다.

인공지능교육의 유형은 크게 인공지능 이해 교육, 인공지능 활용 교육, 인공지능 융합 교육으로 나눌 수 있다. 인공지능 이해 교육은 인공지능 용어, 지식, 개념, 원리, 법칙, 알고리즘 등에 대해 학습하는 것으로 이론과 실습을 통해 인공지능의 지식과 기능을 갖추는 데 중점을 둔다. 인공지능 활용 교육은 자신과 생활에서 주어진 문제를 해결하기 위해 인공지능을 활용하는 내용과 방법을 다룬다. 이론적인 지식의 형성보다는 인공지능 툴을 사용하여 기능적이고 실용적인 내용을 중점적으로 다룬다. 인공지능 기술을 활용하여 교과의 문제를 해결하면서 학습자의 역량을 강화한다. 인공지능 융합 교육은 인공지능을 활용하여 인간 중심적으로 문제를 해결하기 위한 융합 능력을 신장하는 교육으로 실생활의 문제를 해결하는 근본적인 소양을 기를 수 있다.

인공지능교육의 실제

학교 현장에서 학생들을 지도하며 인공지능교육의 다양한 유형이 학생들의 단계에 맞추어 모두 필요하다고 생각이 들었다. 그렇지만 현재 학교의 학생들과 교사들의 역량들을 고려해볼 때 인공지능 자체에 대한 이해와 깊이 있는 융합 교육에 앞서서, 이미 개발되어 있고 쉽게 사용할 수 있는 인공지능을 교과와 학습에 활용하는 인공지능 활용 교육이 접근하기 쉽다.

인공지능융합학과 대학원 선생님들과 수업을 진행하면서 선생님들이 대학원에서 인공지능에 대한 이해와 컴퓨터 사이언스, 빅데이터, 파이썬 등 다양한 수업을 들었지만 정작 학교 현장에서 학생들과 인공지능으로 어떻게 교육할 수 있는지에 심각한 고민에 빠져 있는 것을 알게 되었다. 학문으로 배운 인공지능을 자신의 수업 현장에서 활용하여 수업에 도움을 주고 그 과정에서 학생들이 자연스럽게 인공지능과 친숙해지고 인공지능을 활용하여 자신의 삶에 의미 있는 활동을 할 수 있도록 돕고 싶어 했다. 이러한 문제의식에서 출발하여 인공지능활용 수업을 적용하게 된 것이다. 다른 시간을 일부러 내어서 별도의 프로그램으로 인공지능을 접하는 것이 아니라 교육과정에 자연스럽게 녹아져 자신의 수업에 활용할 수 있는 실제적인 인공지능 활용 수업을 진행하였다.

이 책에 소개된 인공지능 활용 수업은 누구나 쉽게 배우고 활용할 수 있는 인공지능 도구들을 기반으로 한 수업이다. 선생님들의 시도한 실제적인 수업사례를 기반으로 더 많은 인공지능 활용 수업들이 생겨날 것을 기대한다. 이를 통해 학생들과 선생님들도 인공지능에 더욱더 가까이 다가가고 깊이 있게 학습하고자 하는 시도들이 생길 것을 소망한다.

모두를 위한 인공지능교육

교육격차는 빈부격차를 야기한다. 준비가 안 된 원격교육이 갑자기 시작되면서 교육의 가장 큰 문제로 대두된 것이 교육격차이다. 인공지능 교육이 이러한 교육격차를 해결하는 데 도움이 되리라 생각된다. 인공지능을 활용하여 진정한 개개인의 맞춤형 교육을 실현하고 학생들에게 최적의 교육을 제공할 수 있을 것이다. 인공지능교육이 소수의 엘리트를 위한 교육이 아닌 모두를 위한 교육이라는 관점에서도 매우 중요하다. 특히 지능정보사회에서 지능정보의 격차는 심각한 빈부 격차, 계층 간 격차를 불러올 수 있다. 따라서 인공지능교육은 모든 학생을 위한 교육으로 나아가야 할 것이다.

　시대가 급변하고 있다. 미래 사회는 미래 교육을 요구하고 있다. 변하지 않으면 생존할 수 없는 시대이다. 하지만 이 'Change'가 우리에게는 'Chance'가 될 수 있다. 시작은 언제나 어렵고 걱정이 많다. 특히나 많은 사람이 걸어가 보지 않은 길일수록 더욱 막연한 두려움을 갖는다. 그러나 아이들을 향한 선생님들의 사랑으로, 우리 아이들이 빠르게 변화되는 인공지능 시대를 잘 살아갈 수 있는 역량을 키워주기 위한 멋진 용기를 내보시기 바란다. 이런 용기 있는 시도들이 결국은 미래 교육을 실현할 것이다. 영화 인터스텔라의 명대사인 "우린 답을 찾을 것이다. 늘 그랬듯이. (We will find a way. We always have.)"처럼 엄청난 변화의 시대를 살아가는 우리 선생님들이 인공지능 시대에도 우리 아이들을 위해서 분명 교육의 해답을 찾으시리라 믿는다.

대표저자 박찬

1. 패들렛(padlet)

들어가며

코로나19로 인해 온라인상에서의 다양한 활동이 늘어나고 있습니다. 특히 비대면 수업에서는 여러 플랫폼을 활용하여 실시간 온라인 수업이 진행되기도 했었죠. 이런 상황에서, 학생들과 함께 온라인상에서 다양한 활동을 진행해 볼 수 있는 대표적인 플랫폼 한 가지를 소개하려고 합니다. 이미 알고 계신 분들도 많으리라 생각되는데요, 바로 패들렛(padlet)입니다. 패들렛은 어떤 주제를 설정하여 학생들과 함께 온라인상에서 토론하거나, 토의하기 위해 정말 좋은 플랫폼입니다. 이 플랫폼은 온라인상에 작업 공간을 만들어, 학생들이 의견을 자유롭게 게시물의 형태로 올릴 수 있습니다. 무료로 사용할 수 있으며 사진, 비디오 등 여러 형식의 파일들을 서로 주고받을 수 있습니다. 링크만 있으면, 편하게 아무런 설치 없이 스마트폰으로 접근할 수 있습니다. 주제를 정하면, 이에 맞춰 여러 의견을 자유롭게 주고받을 수 있습니다. 이 챕터에서는 패들렛이 무엇인지, 그리고 수업에서의 활용 방안에 대해 자세하게 알아보겠습니다.

패들렛(padlet)

01. 패들렛 시작하기

1) 패들렛 접속하기

아무 검색 사이트에 들어가서, 패들렛 혹은 padlet이라고 검색하면 https://ko.padlet.com/ 사이트에 접속할 수 있습니다. 또한 패들렛은 스마트폰이나 태블릿 PC와 같은 스마트 기기에서 아무런 설치 없이 접속할 수 있으며 애플리케이션도 있습니다. 애플리케이션 사용을 위해서는 App Store나 Play Store에서 패들렛 혹은 padlet으로 검색하여 다운로드 후 설치합니다.

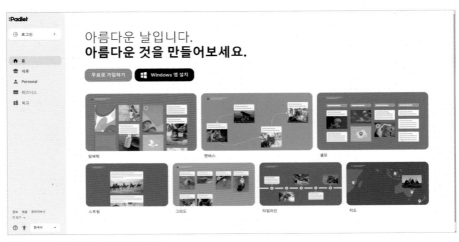

[그림 1-1-1] 컴퓨터에서 패들렛 접속화면

02. 패들렛 만들기

[그림 1-1-2] 처음 패들렛에 들어가면 보이는 화면

　패들렛은 하나의 게시판을 생성하여 학생들이 그 게시판의 주제에 맞는 다양한 의견을 정리하여 올릴 수 있는 플랫폼입니다. 그럼 우선 패들렛에 있는 기본 메뉴를 간단하게 살펴보겠습니다.

1) 패들렛의 다양한 메뉴들

　① 만든 콘텐츠 메뉴: 본인이 직접 만든 패들렛을 모두 모아 볼 수 있는 메뉴입니다. 만든 날짜나 순서로, 이름 순서로 정렬할 수 있습니다. 무료 버전인 경우 이 메뉴와 아카이브됨 메뉴를 중심으로 쓰게 됩니다.

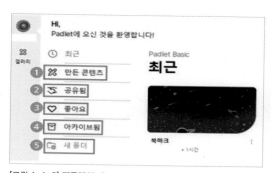

[그림 1-1-3] 패들렛의 메뉴

　② 공유됨 메뉴: 다른 사람과 공유하고 있는 패들렛을 볼 수 있는 메뉴입니다.

③ 좋아요 메뉴: 다른 사람이 만들었던 패들렛 중 본인이 좋아요를 설정한 패들렛을 볼 수 있는 메뉴입니다.

④ 아카이브됨 메뉴: 아카이브는 파일 저장고라는 뜻입니다. 이 메뉴를 통해 본인이 만들었던 패들렛 중 따로 보관하고 싶은 패들렛을 저장할 수 있습니다. 무료 버전을 사용하는 경우, 최대 다섯 개까지 패들렛 생성이 가능하므로 기존의 패들렛을 아카이브하여 저장하면 새롭게 다섯 개의 패들렛을 생성하여 활용할 수 있습니다.

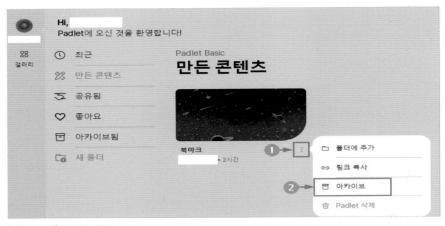

[그림 1-1-4] 아카이브 하기

어떤 패들렛을 아카이브 하기 위해서는, [그림 1-1-4]처럼 패들렛의 오른쪽 아래쪽에 있는 세 개의 점을 클릭한 뒤 '아카이브'를 누르면 됩니다. 이렇게 아카이브된 패들렛은, 아카이브를 해제하지 않는 이상 패들렛에 접근이 안 됩니다.

⑤ 새 폴더 메뉴: 폴더를 생성하여 여러 패들렛을 정리할 수 있는 메뉴입니다.

2) 새 패들렛 만들기

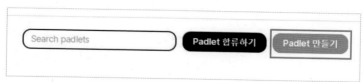

[그림 1-1-5] Padlet 만들기 버튼

패들렛을 만들기 위해서는, Padlet 만들기 버튼을 클릭하면 됩니다. 이 버튼을 클릭하면, 패들렛의 서식을 결정하는 화면이 나오게 되는데, 이때 서식은 총 7가지가 있습니다.

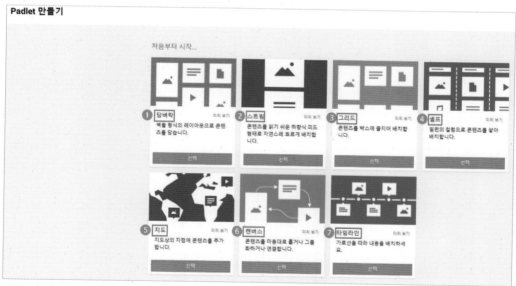

[그림 1-1-6] 패들렛의 다양한 서식들

① 담벼락: 벽돌 형식의 레이아웃으로 콘텐츠를 담습니다. 실제로 사용하면, 벽돌 모양으로 글이 정렬되어 보입니다.

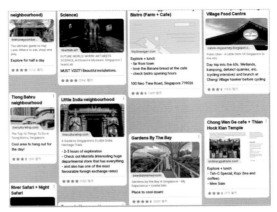

[그림 1-1-7] 담벼락

② 스트림: 콘텐츠를 읽기 쉬운 하향식 피드 형태로 자연스레 흐르게 배치합니다. 글들이 한 줄로 맞춰 아래로 쭉 펼쳐지는 형태입니다.

[그림 1-1-8] 스트림

③ 그리드: 콘텐츠를 박스에 줄지어 배치합니다. 위에서부터 아래쪽으로 차곡차곡 글이 쌓이는 형태입니다. 학생들이 자유롭게 글을 배치하고 쌓을 수 있습니다. 자유 토의, 토론 수업에 활용할 수 있습니다.

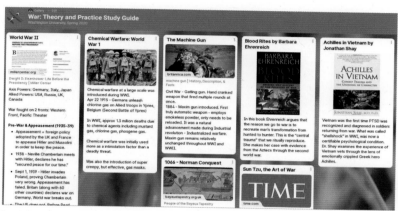

[그림 1-1-9] 그리드

④ 셀프: 일련의 칼럼으로 콘텐츠를 쌓아 배치합니다. 글들이 정해진 칼럼(주제) 아래로 정렬됩니다. 칼럼은 원하는 대로 추가할 수 있습니다. 토론식 수업, 혹은 릴레이 글쓰기 수업 등에 많이 활용할 수 있는 서식입니다.

[그림 1-1-10] 셀프

⑤ 지도: 지도상의 지점에 콘텐츠를 추가합니다. 글을 작성하고, 위치를 검색하여 설정하거나 핀을 드래그하여 좌표를 설정할 수 있습니다.

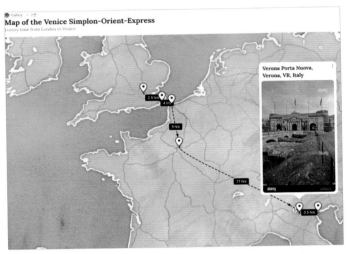

[그림 1-1-11] 지도

⑥ 캔버스: 콘텐츠를 마음대로 흩거나 그룹화하거나 연결합니다. 글들을 마우스로 드래그하여 원하는 곳에 마음대로 고정할 수 있으며, 글을 서로 연결하면 화살표로 연결이 되어 마인드맵 형태로 글을 배치할 수 있는 장점이 있습니다.

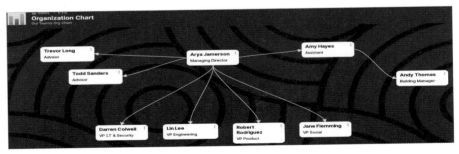

[그림 1-1-12] 캔버스

⑦ 타임라인: 가로 선을 따라 내용을 배치합니다. 주로 시간의 흐름에 따라 글을 작성할 수 있습니다. 글의 순서를 마우스로 드래그, 드롭하여 변경할 수 있습니다.

[그림 1-1-13] 타임라인

이 7가지 서식들은 각자 장점이 있어서, 어떤 수업을 구상하느냐에 따라 다양하게 활용할 수 있습니다. 그러면 실제로 한 서식을 골라 패들렛을 만들어 보겠습니다.

우선 패들렛을 만들면, 패들렛의 제목과 설명이 있습니다. 셸프의 경우에는 섹션의 이름을 지정하는 것이 추가로 있습니다.

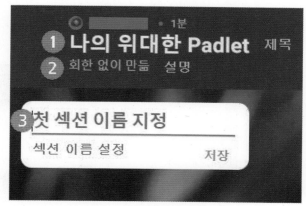
[그림 1-1-14] 제목, 설명, 섹션 이름 설정하기(셸프)

이 중 먼저 제목과 설명, 그리고 패들렛 설정을 해봅시다. 제목과 설명을 편집하기 위해서는 [그림 1-1-14]의 제목과 부제목 부분을 마우스로 더블클릭하거나 [그림 1-1-15]에서 볼 수 있듯 오른쪽 상단에 있는 톱니바퀴 모양의 설정 버튼을 클릭하여 정할 수 있습니다.

[그림 1-1-15] 패들렛 설정 버튼

이 설정 버튼을 클릭하게 되면, 화면의 오른쪽에서 다음과 같은 화면을 마주하게 됩니다. 설정 메뉴는 총 14가지가 있습니다. 이를 앞, 뒤 7가지씩 나누어 살펴보겠습니다.

[그림 1-1-16] 패들렛 설정하기 앞부분 7가지

① 제목: 패들렛의 제목입니다. 학생들이 이해하기 쉽게 제목을 설정해주세요. 설정된 제목을 보니, 고위험 AI 규제에 대한 찬반 토론을 하려고 하네요.

② 설명: 패들렛의 설명입니다. 제목에 대한 간단한 설명을 추가하면 됩니다. 제목과 설명을 이렇게 간단하게 작성하고 나면, [그림 1-1-17]에서 볼 수 있듯이 왼쪽 상단에 이렇게 제목과 설명이 수정됩니다. 이를 반영하기 위해서는 반드시 저장 버튼을 눌러야 합니다.

[그림 1-1-17] 제목과 설명 수정사항 반영

③ 아이콘: 다양한 아이콘을 설정하여 제목과 설명을 꾸며볼 수 있습니다. 기본값은 아이콘이 '없음'으로 되어 있으며, 아이콘을 눌러 들어가면 다양한 아이콘들을 설정해볼 수 있습니다.

[그림 1-1-18] 아이콘

④ 주소: 주소는 패들렛의 고유 주소입니다. 이 주소를 학생들에게 공유하게 되면, 학생들이 자유롭게 접속하여 해당 패들렛에 글을 작성할 수 있게 됩니다. 이 주소는 직접 주소를 공유할 수도 있고, QR코드를 통해 공유할 수도 있습니다.

⑤ 배경 화면: 패들렛은 다양한 배경 화면을 제공하고 있습니다. 배경 화면 설정 버튼을 클릭하면, [그림 1-1-19]와 같이 배경 화면 설정하기가 나옵니다.

[그림 1-1-19] 배경 화면 설정

패들렛의 배경 화면에는 총 5가지의 카테고리가 있는데, 단색은 총 34가지의 단색 화면을 골라서 설정할 수 있습니다. 그라디언트는 총 12가지를 설정할 수 있습니다. 질감 및 패턴 역시 총 12가지의 패턴을 선택할 수 있습니다. 그림에서는, 패들렛에서 제공하는 다양한 종류의 그림을 배경 화면으로 설정할 수 있습니다.

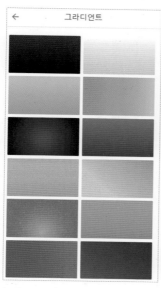

[그림 1-1-20] 그라디언트

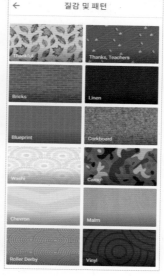

[그림 1-1-21] 질감 및 패턴

마지막으로 나만의 배경 화면 추가는, 기존의 배경 화면을 타일형이나 채우기로 선택할 수 있으며 인터넷에서 이미지를 검색하여 올릴 수도 있습니다. 또한, 가지고 있는 이미지 파일을 업로드하거나 링크를 붙여넣거나, 직접 사진을 찍거나, 그림을 그려 배경 화면으로 추가할 수도 있습니다.

⑥ 색상 스킴: 섹션 및 글 배경색을 변경하는 설정입니다. 기본값은 왼쪽의 밝은 스킴으로 설정되어 있으며, 오른쪽을 선택하면 어두운 스킴이 됩니다.

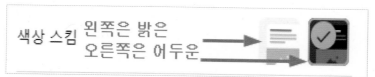

[그림 1-1-22] 색상 스킴

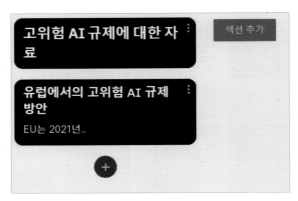

[그림 1-1-23] 색상 스킴 어두운색 적용 예시

[그림 1-1-24] 밝은색 스킴들   [그림 1-1-25] 어두운색 스킴들

⑦ 글꼴: 글꼴을 변경할 수 있는 설정입니다. 총 4가지의 글꼴을 제공하고 있습니다.

지금까지 총 7가지의 설정 메뉴들에 대해 살펴보았습니다. 여기에서 가장 많이 활용되는 메뉴는 1, 2, 5번의 제목과 설명, 배경 화면 설정입니다. 배경 화면은 간단하게 단색으로 설정하셔도 되니 너무 어렵게 생각하지 않아도 됩니다. 그럼 이제 설정하기 뒷부분 7가지 메뉴들에 대해서도 자세하게 살펴보겠습니다.

[그림 1-1-26] 패들렛 설정하기 뒷부분 7가지

① 저작자 표시: 각 게시물 위에 저자의 이름을 표시하는지 여부를 선택합니다. 기본값은 표시하지 않음이며, 표시하는 것을 선택하는 경우 저작자가 표시됩니다. 로그인하지 않으면 익명으로 뜹니다.

② 새 게시물 위치: 새 게시물을 가장 처음으로 배치할 것인지, 아니면 가장 마지막 순서로 배치할 것인지 선택할 수 있습니다.

③ 댓글: 게시물을 보는 학생들이 서로 댓글을 통해 소통하게 할 수 있을지의 여부를 선택할 수

있습니다.

④ 반응: 게시물에 학생들이 여러 반응을 할 수 있도록 설정할 수 있습니다. 마치 SNS처럼 학생들이 소통할 수 있습니다. 기본값은 반응 없음입니다. 좋아요 표시, 게시물에 공감/비공감 투표하기, 1~5점의 별점 부여하기, 게시물의 점수를 숫자로 등급 매기기 등의 기능이 있습니다.

[그림 1-1-27] 반응

⑤ 승인 필요: 학생들이 게시물을 올리기 위해서, 패들렛을 만든 교사가 승인하여 공개할지의 여부에 대한 설정입니다.

⑥ 비속어 필터링: 학생들이 게시물에 비속어를 사용할 경우, 이모티콘으로 대체하여 보여줄지의 여부를 선택하는 설정입니다. 영어 비속어는 필터링이 되지만, 아쉽게도 한글 비속어는 서비스가 적용되지 않습니다.

⑦ 도메인 매핑: 인터넷 도메인을 구매한 경우, 직접 도메인을 설정할 수 있는 설정 메뉴입니다. 그러나 사실상 쓸 일이 없는 설정이라서 모르셔도 됩니다.

지금까지 패들렛의 제목을 정하고, 설명을 정하며 세부 설정을 조정하여 패들렛을 만들었습니다.

패들렛은 아주 다양한 방식으로 학생들이 온라인 플랫폼에서 활동할 수 있습니다. 학교 수업 시간에 학생들이 만들어 낸 결과물들을 패들렛을 활용하여 공유할 수도 있습니다. 그렇다면, 어떻게 패들렛에 글을 작성하는지 살펴보겠습니다.

3) 글 작성하기

글 작성 버튼을 누르면, 오른쪽 하단에 글 작성하는 메뉴가 등장하게 됩니다. 글 제목을 적고 그 밑에 글 내용을 정리한다면, 간편하게 글을 작성할 수 있습니다.

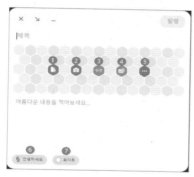

[그림 1-1-28] 글 작성 메뉴

① 업로드: 파일을 업로드할 수 있습니다.

② 카메라: 직접 찍은 사진을 올릴 수 있습니다.

③ 링크: 참고한 링크를 첨부할 수 있습니다.

④ 이미지 검색: 인터넷상의 이미지를 검색하여 첨부할 수 있습니다.

⑤ 더 보기 버튼: 추가로 여러 방식의 업로드를 선택할 수 있습니다.

다양한 방식의 파일, 링크, 이미지를 업로드할 수 있습니다.

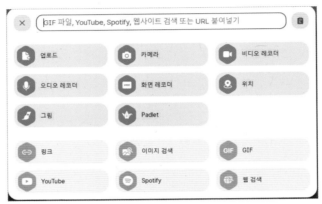

[그림 1-1-29] 더 보기

⑥ 섹션명: 셀프에서 해당하는 메뉴로, 어떤 섹션에 글을 작성하고 있는지가 나옵니다.

⑦ 글 배경: 글 배경색을 결정할 수 있습니다.

이렇게 패들렛은 다양하게 설정을 추가하여 작성할 수 있으며, 학생들도 여러 방면에서 파일, 사진 등을 올리면서 공유할 수 있습니다. 그러면 이렇게 만들어진 패들렛을 복제하고, 공유하는 방법에 대해서 살펴보겠습니다.

03. 패들렛 복제 및 공유

[그림 1-1-30] 복제 및 공유 메뉴

패들렛의 우측 상단을 보면, 이렇게 복제 및 공유 메뉴가 있습니다. 이를 각각 자세하게 살펴보겠습니다.

1) 복제하기

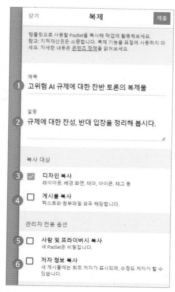

[그림 1-1-31] 복제

복제하기는 어떤 패들렛이 설정 완료되어 만들어지면, 복제할 수 있는 기능입니다. 매번 새로 설정하는 것이 번거로우므로, 유용하게 활용할 수 있습니다. 각 기능에 대해 살펴보겠습니다.

① 제목 수정: 패들렛을 복제하여, 제목을 수정하는 기능입니다. 기본값은 '복제하려는 패들렛 제목의 복제물'입니다.

② 설명 수정: 패들렛을 복제하여, 설명을 수정하는 기능입니다.

③ 디자인 복사: 원본 패들렛의 다양한 설정 중 아이콘, 배경 화면, 폰트 등 디자인만 복제합니다. 이때 디자인 복사를 선택하면 게시물들은 복사되지 않습니다.

④ 게시물 복사: 원본 패들렛의 게시물까지 전부 복사하여 새로운 패들렛에 가져옵니다. 이는 학생들이 올린 글과 첨부파일들 모두에 해당합니다.

⑤ 사람 및 프라이버시 복사: 원본 패들렛 설정에서, 공유설정에 대한 복사 여부입니다. 공유설정을 그대로 가져오고 싶으면, 체크하면 됩니다.

⑥ 저자 정보 복사: 원본 패들렛의 게시물에서, 저자 이름을 그대로 가져오는지 아닌지에 대한 설정입니다. 예를 들어 1학년 7반의 A라는 학생이 기존 패들렛에 글을 작성하였다면, 복제된 패들렛에도 그대로 A 학생이 작성한 글이라고 남습니다.

2) 공유하기

공유하기는 크게 회원 초대, 프라이버시, 공유, 내보내기 메뉴로 되어 있습니다. 우선 회원 초대, 프라이버시, 공유 메뉴를 살펴보겠습니다.

① 회원 추가: 이 패들렛을 공유할 회원을 추가하는 메뉴입니다. 이때 학생들도 패들렛에 가입되어 있어야 초대할 수 있습니다. 학생의 이름이나 이메일로 검색하여 추가할 수 있습니다.

회원을 추가할 때, 공유 범위를 설정할 수 있습니다. 기본값은 '작성 가능'입니다.

[그림 1-1-32] 공유하기

[그림 1-1-33] 공유 범위

공유 범위는 크게 4가지입니다.

a. 읽기 가능: 글을 작성할 수는 없으나 게시물을 읽을 수 있습니다.

b. 작성 가능: 읽기 가능에 더하여 게시물을 추가할 수 있습니다.

c. 편집 가능: 읽기, 작성 가능에 더하여 다른 학생들이 올린 게시물을 편집하고 승인할 수 있습니다. 패들렛 설정과 같이 패들렛 자체에 대한 수정 및 삭제는 할 수 없습니다. 예를 들어 패들렛을 학급 자치활동에 활용한다면, 반장에게 이 권한을 주면 됩니다.

d. 관리 가능: 패들렛을 개설한 교사와 같은 권한이 주어집니다. 읽기, 작성, 편집 가능에 더하여 패들렛 수정 및 삭제, 초대가 가능합니다.

② 프라이버시 변경: 패들렛을 누구에게, 어떻게 공유할 것인지를 설정하는 메뉴입니다. 크게 5가지 종류의 프라이버시 설정이 가능합니다.

a. 비공개: 패들렛을 작성한 사람 외 모든 사람에게 비공개합니다.

b. 비밀번호: 패들렛 링크나 QR코드를 공유받은 사람은 작성자가 설정한 비밀번호가 있어야 패들렛에 접속할 수 있습니다.

c. 회원 전용: 패들렛 링크나 QR코드를 공유받은 사람은 패들렛에 가입한 회원이어야 해당 패들렛에 접속할 수 있습니다.

d. 비밀: 패들렛 링크나 QR코드를 공유받은 사람은 패들렛에 접속할 수 있습니다.

e. 공개: 모두에게 패들렛이 공개됩니다. 아무나 해당 패들렛에 접속할 수 있습니다.

프라이버시 변경의 기본값은 비밀이며, 학생들에게 패들렛 링크를 공유하면 학생들이 편하게 접속할 수 있습니다. 이때 학생들은 패들렛에 가입하지 않아도 게시물에 접근할 수 있습니다.

프라이버시에 대한 설정이 완료되었다면, 방문자의 권한을 설정할 수 있습니다. 방문자란, 해당 패들렛의 링크나 QR코드를 통해 패들렛에 방문한 학생을 의미합니다. 읽기 가능, 작성 가능, 편집 가능 등 총 3가지 권한이 있습니다.

③ 클립보드로 링크 복사: 학생들에게 패들렛에 접속할 수 있는 링크 주소를 공유하기 위해, 링크를 복사하는 것입니다.

④ QR코드 받기: 학생들이 QR코드로 편리하게 패들렛에 접속할 수 있게 하도록 QR코드를 받을 수 있는 메뉴입니다. 오른쪽 상단의 다운로드를 통해 QR코드를 png 파일로 다운받을 수 있습니다.

⑤ 블로그 또는 웹사이트에 삽입: 블로그나 웹사이트에 패들렛 링크를 삽입하기 위한 HTML의 주소를 보여줍니다.

이 외에도 이메일, Facebook, Twitter, Google Classroom 등에서 패들렛을 공유할 수 있습니다.

마지막으로, 패들렛 자체를 여러 파일 형식으로 내보내서 활용할 수 있습니다.

지금까지 패들렛의 모든 것에 대해 자세하게 정리해 보았습니다. 정말 내용이 많았지만, 많이 활용될 만한 기능들은 대부분 기본값으로 설정하고 사용하게 됩니다. 패들렛의 다양한 기능들을 잘 숙지하셔서 여러 수업에 활용해보시기 바랍니다.

2. 네컷만화

들어가며

　어른이 되어 자신의 학창 시절을 다시 되돌아보았을 때, 결코 떼어놓을 수 없는 것이 있다면 바로 만화일 것입니다. 요즘의 아이들에게도 마찬가지이지요. 더군다나 인기 웹툰 작가들에 관한 기사나 방송을 접하는 경우가 많아지면서, 웹툰이나 만화 산업과 관련된 직업들 또한 앞으로 더욱 주목받지 않을까 하는 생각이 듭니다.

　만화나 웹툰을 그리는 데에 중요한 것은 무엇일까요? 잘생기고 예쁜 캐릭터들을 그리는 능력? 아니면 사람들의 흥미를 끄는 이야깃거리를 생각하는 능력? 두 가지 능력 모두 중요할 테지만 충분한 미적 표현 기술을 익히지 못한 학생들에게는 '그림'이라는 중요한 요소가 웹툰 제작에 큰 방해물이 되기도 합니다.

　이번 파트에서 소개할 '네컷만화'는 그림을 직접 그리지 않고도 자신이 생각한 이야기를 네 컷의 만화로 간단하게 표현해볼 수 있게 해주는 앱(APP)입니다. '네컷만화'를 통해 아이들이 자신 있게 표현의 나래를 펼칠 수 있기를 기대해봅니다.

네컷만화

01. 네컷만화 살펴보기

1) 네컷만화란?

네컷만화는 사용자가 입력한 대사로 만화를 그리는 AI 서비스를 제공하는 앱입니다. 사용자는 아이디어를 제공하고, AI는 어울리는 캐릭터의 표정, 동작을 자동으로 제공 및 추천해주기 때문에 만화 제작이 매우 쉽습니다. 단 네 개의 컷으로 만화를 제작하기 때문에 과정이 간단하고, 사용 방법도 쉽게 익힐 수 있습니다.

만들어진 만화는 동영상으로도 렌더링할 수 있고, 피드에 올려 많은 사람에게 공유할 수도 있습니다. 또한, 다양한 사람들이 만든 만화를 감상할 수 있습니다. 유튜브의 알고리즘이 영상을 추천하는 것처럼 네컷만화에도 회원 정보(나이, 성별)에 맞게 다른 사람들의 네컷만화를 자동으로 추천해주는 기능이 있습니다.

무엇보다도 나이, 표현 능력에 구애받지 않고 누구나 자신의 아이디어를 네 컷의 만화로 표현할 수 있는 것이 큰 장점입니다.

2) 네컷만화 설치하기

[그림 1-2-1] PLAY 스토어-네컷만화

네컷만화 앱은 안드로이드에서만 사용할 수 있으며, 컴퓨터로는 어렵습니다. 수업 중에는 안드로이드 스마트폰 또는 태블릿 pc 사용을 권장합니다. PLAY 스토어에 '네컷만화'로 검색한 후 내려받습니다.

3) 네컷만화 화면 구성

네컷만화의 시작 화면은 다음과 같이 구성되어 있습니다.

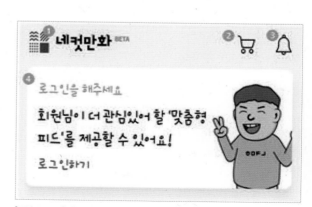

① '네컷만화' 앱 이름

② 캐릭터 구매 스토어

③ 알림창

④ 회원 '맞춤형 피드'

[그림 1-2-2] 네컷만화 시작 화면-상단

[그림 1-2-3] 네컷만화 시작 화면-하단

① 사용자 맞춤형 피드 제공

② 이벤트, 추천작가 및 신규 만화 등

③ 네컷만화 제작

④ 네컷만화 검색(관련 태그, 제작자 등)

⑤ 프로필 수정, 업로드된 네컷만화 등

4) 네컷만화 회원 가입하기

다른 사용자들의 네컷만화를 보는 것은 별도의 회원가입이나 로그인 없이도 가능하지만, 만들기 위해서는 회원가입이나 로그인이 필수적입니다. 먼저, 첫 화면 아랫부분에 있는 '만들기' 또는 '마이' 아이콘을 클릭합니다.

회원가입은 카카오톡이나 네이버, 페이스북, 구글의 아이디 중 하나를 활용하여 매우 간단하게 이루어집니다. 카카오톡 아이디로 가입하게 될 경우, 카카오톡 아이콘을 클릭하고 필수 사항에 동의한 후에 확인을 누릅니다. 사용자의 출생연도 및 성별을 선택하고 완료 버튼을 클릭하면 가입은 완료됩니다.

> Tip 네컷만화 앱은 여러 개의 스마트 기기에서 동시 로그인이 가능합니다. 학생들의 나이가 어려 카카오톡이나 네이버 등의 아이디 활용이 힘든 경우, 교사의 아이디 하나로 여러 명의 학생이 사용할 수도 있습니다.

02. 네컷만화 제작하기

1) 네컷만화 만들기

하단에 있는 '만들기(+)' 아이콘을 클릭하면 네컷만화 제작을 시작할 수 있습니다.

[그림 1-2-4] 만들기 아이콘 클릭

2) 캐릭터 바꾸기

캐릭터 아이콘을 누르면 여러 개의 캐릭터가 나타납니다. 자물쇠로 잠겨있지 않는 캐릭터 중 원하는 캐릭터를 클릭하면 해당 캐릭터로 변경되는 것을 알 수 있습니다.

[그림 1-2-5] 네컷만화 캐릭터

[그림 1-2-6] 네컷만화 캐릭터 변경

캐릭터를 변경했더니 [그림 1-2-6]의 ①처럼 기본캐릭터가 예시에서 선택한 캐릭터로 모두 변경되었습니다. ②와 같은 여자아이 캐릭터가 필요하면 어떻게 하면 좋을까요? 자물쇠 표시가 있는 캐릭터의 경우 구매를 통해 사용 가능합니다.

[그림 1-2-7] 캐릭터 구매하기

캐릭터 구매를 위해 네컷만화 스토어로 이동하게 됩니다. 캐릭터는 ⓒ 아이콘의 캐시로 구매할 수 있는데, 처음 회원가입을 했다면 1,000캐시를 지급해줍니다. 그런데 현재(2022년 1월 기준) 네컷만화 앱에서는 모든 캐릭터를 0캐시로 구매할 수 있습니다. 자신이 원하는 캐릭터를 선택하고, '미리보기'를 통해 캐릭터를 살펴본 후 자신이 원하는 캐릭터가 맞는다면 구매하기'를 눌러 캐릭터를 잠금 해제합니다. 구매한 캐릭터에는 자물쇠 표시가 사라지며 선택할 수 있게 됩니다.

3) 캐릭터 추가하기

네컷만화에서는 한 컷(장면)당 최대 두 명의 캐릭터를 등장시킬 수 있습니다. 캐릭터를 추가하기 위해서는 [그림 1-2-8]의 빨간 사각형 안의 아이콘을 클릭합니다. 추가된 인물은 마찬가지로 자신이 원하는 캐릭터로 변경할 수 있습니다.

[그림 1-2-8] 캐릭터 추가하기

Tip 캐릭터가 하나도 없는 장면도 만들 수 있습니다.

4) 대사 입력 및 표정 바꾸기

등장인물의 대사를 입력하는 것은 인공지능과 함께 네컷만화를 제작하는 데에 가장 중요한 단계입니다. 그리고 학생들이 가장 흥미를 느끼는 단계이기도 합니다. 대사를 입력하면 인공지능이 가장 어울리는 표정과 동작으로 캐릭터를 바꿔주기 때문입니다.

[그림 1-2-9] '아 심심해' 대사 입력

인공지능이 추천한 표정 및 동작이 마음에 들지 않는다면 다른 것으로 변경할 수 있습니다. '표정' 아이콘을 클릭하여 인공지능이 추천한 표정들을 보고, 적절한 것을 고릅니다.

[그림 1-2-10] 표정 및 동작 변경

Tip 대사 앞에 '/'를 붙이면 말풍선이 아닌 특별한 형태의 대사로 표현됩니다. 단, '/'는 띄어쓰기 되기 전까지의 단어만 인식합니다.

[그림 1-2-11] '/흑흑' 대사 입력

등장인물들끼리 대화를 나누는 장면을 만들고 싶은 경우, 캐릭터를 추가하고 마찬가지로 대사를 입력합니다.

[그림 1-2-12] 두 번째 캐릭터 선택 및 대사 입력

만화에는 등장인물의 대사가 아닌, 해설 등이 필요할 때도 있습니다. 이때 별도의 아이콘을 누르고 필요한 해설 등을 넣어줄 수 있습니다.

[그림 1-2-13] 해설 입력

[그림 1-2-14] '/두둥' 해설 입력

5) 배경 설정하기

각 컷(장면)의 배경 또한 사용자가 원하는 대로 설정할 수 있습니다. 네컷만화에서 자체적으로 제공하는 추천 배경을 사용하거나 사용자의 갤러리에 있는 사진을 배경으로 사용할 수 있습니다.

[그림 1-2-15] 배경 설정하기

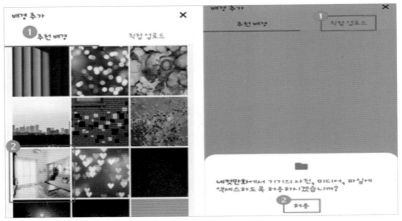

[그림 1-2-16] 추천 배경으로 설정

6) 대사 스타일 변경하기

대사나 해설의 말풍선 모양, 글자체 등은 '스타일' 아이콘을 눌러 여러 개의 옵션 중 하나로 선택할 수 있습니다. 대사별로 스타일을 다르게 적용할 수도 있습니다.

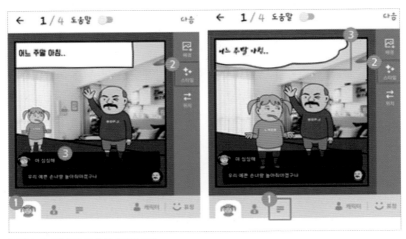

[그림 1-2-17] 대사 및 해설 스타일 변경

7) 위치 변경하기

'위치' 아이콘을 클릭하면 캐릭터의 위치를 변경할 수 있습니다. 캐릭터의 크기가 커지거나 작아지기도 합니다. 해설의 경우 위치는 위쪽으로 고정되어 있고 바꿀 수 없습니다.

[그림 1-2-18] 위치 변경

8) 완성하기

하나의 장면이 완성되면 화면 위쪽 '다음'을 눌러 넘어갑니다. 총 네 개의 컷(장면)이 완성되면 '완료' 버튼을 눌러 완성합니다. 만화를 게시하기 전, 수정 보드에서 장면의 순서를 바꾸거나 수정할 수 있습니다. 또 특정 장면만 삭제할 수도 있습니다.

① 장면 순서 이동

② 장면 삭제

③ 클릭-장면별 수정

④ 수정 완료 후 게시

[그림 1-2-19] 수정 보드

9) 게시하기

완성된 만화를 게시하기 위해서는 제목과 관련 태그를 입력해야 합니다. 태그는 최대 다섯 개까지 입력할 수 있습니다. '게시'를 클릭하면 내 피드에 바로 게시가 되며, '임시저장'을 누르면 아직 게시되지 않고 '마이'-'임시저장'에 따로 저장되어 후에 수정 또는 게시할 수 있습니다.

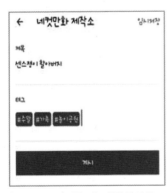

[그림 1-2-20] 제목, 태그 입력 및 게시

[그림 1-2-21] 임시저장 상태

[그림 1-2-22] 게시 완료된 모습

만들어진 네컷만화는 동영상으로도 렌더링하여 볼 수 있습니다.

10) 공유하기

　게시한 작품은 언제든지 삭제, 수정 또는 공유할 수 있습니다. 공유하기를 원하는 경우 '공유하기'를 클릭한 후, '네컷만화 다운로드'를 눌러 이미지의 형태로, 또는 '동영상 다운로드'를 눌러 영상의 형태로 스마트 기기에 저장할 수 있습니다.

　링크를 복사하여 패들렛(Padlet) 등에 붙여넣을 수도 있고, 카카오톡(Kakaotalk)이나 인스타그램(Instagram) 등 SNS에 공유할 수도 있습니다.

3. 타입캐스트 스토리

들어가며

수업에서 학생들의 발표 참여를 유도하기는 쉽지 않은 일입니다. 특히 학기 첫 번째 시간 자기소개를 하는 경우, 평소 발표 활동을 선호하지 않는 학생들, 목소리가 작거나 특이한 학생들에게는 발표 수업이 더욱더 어렵게 느껴집니다. 이런 경우, 스마트폰 앱을 이용하여 인공지능 캐릭터가 학생을 대표하여 발표하게 할 수 있습니다.

하지만 똑같은 캐릭터가 내용만 달리하여 계속 등장한다면 보는 사람 관점에서 지루하겠지요? 소개하는 이 앱은 그런 걱정 없이 학생들이 자신의 개성과 발표 내용의 특성을 살려 '나만의' 발표 영상을 만들 수 있습니다. 이 앱은 제공하는 인공지능 캐릭터가 150개가 넘고, 완벽한 2개 언어(한국어, 영어)를 제공하며, 대사의 속도, 높낮이, 캐릭터의 감정, 발화 분위기까지 사용자가 직접 설정할 수 있기 때문입니다.

그뿐만 아니라 웃기고 재밌는 캐릭터를 등장시켜 친구들의 관심과 인기를 얻거나, 평소에는 하지 못할 엉뚱한 말을 중간에 넣어 친구들에게 웃음을 주거나, 배경음악을 입히고 끊어 읽기를 설정함으로써 마치 랩을 하듯이 내용을 전달할 수도 있습니다.

학기 초 아이스 브레이킹 활동, 수업 마무리 요약 발표 활동, 자유 주제 발표 활동 등에 이 앱을 활용해보시는 것을 추천합니다.

타입캐스트 스토리

01. 프로그램 소개

1) 타입캐스트 스토리는

간단한 조작으로 숏폼 비디오를 제작할 수 있습니다. 정보 전달, 상황극 등 다양한 연출이 가능하며, 제페토, 유튜브, 틱톡 등 다양한 SNS 채널에 만든 영상을 공유할 수 있습니다. 단, 영상의 길이는 1분을 넘을 수 없으며, 안드로이드(스마트폰, 태블릿 PC)에서만 이용 가능합니다.

2) 다운로드 후 회원가입

안드로이드 PLAY 스토어에서 '타입캐스트 스토리'를 검색하고 다운로드합니다. 구글, 페이스북 계정 또는 이메일 주소를 사용하여 회원가입을 합니다.

[그림 1-3-1] 타입캐스트 스토리

3) 메뉴

[그림 1-3-2] 앱 하단 메뉴 왼쪽의 ① '피드'를 클릭하면 다른 사용자들이 게시한 동영상을 볼 수

있습니다. [그림 1-3-3] 앱 하단 메뉴 오른쪽의 ② '내 스토리'를 클릭하면 새 스토리 만들기와 만든 스토리 목록을 볼 수 있습니다.

[그림 1-3-2] 피드

[그림 1-3-3] 내 스토리

4) 새 프로젝트 만들기

[그림 1-3-4]의 ① '새 스토리 만들기'를 클릭하면 [그림 1-3-5] 화면으로 이동합니다.

[그림 1-3-5]의 ② 'untitled'를 클릭하면 제목을 바꿀 수 있습니다. 정신없이 만들다 보면 제목을 입력하는 것을 잊기 쉽습니다. 따라서 시작할 때 제목을 미리 입력해두는 것을 추천합니다. 후에 업로드할 때 파일을 찾기 쉽습니다.

[그림 1-3-5]의 ③ '음악 추가'를 클릭하면 상황 연출에 따라 음악을 추가할 수도 있습니다. 11개의 배경음악을 무료로 제공하고 있습니다.

[그림 1-3-4] 새 스토리 만들기 　　　　　[그림 1-3-5] 제목 설정과 음악 추가

5) 캐릭터 고르기

[그림 1-3-6]의 ①을 클릭하면 캐릭터 목록이 나오는 [그림 1-3-7] 화면으로 이동합니다. 이 화면에서 원하는 캐릭터들을 선택할 수 있습니다. [그림 1-3-7] 화면에서 마음에 드는 캐릭터를 클릭하면 위의 목록에 추가됩니다. 각 캐릭터 옆에 있는 하트 모양의 아이콘을 클릭하면 캐릭터가 즐겨찾기에 등록되고, 스피커 모양의 아이콘을 클릭하면 캐릭터의 목소리를 미리 들어볼 수 있습니다.

[그림 1-3-6] 캐릭터 선택하기

[그림 1-3-7] 캐릭터 목록 화면

[그림 1-3-8] 화면에서 ① '필터 펼치기'를 클릭하면 [그림 1-3-9] 화면이 나타납니다. 사용자는 필터 목록에서 '언어, 성별, 나이, 콘텐츠, 분위기, 톤, 스페셜'을 각각 설정하여 많은 캐릭터 중 사

용자가 원하는 캐릭터를 검색할 수 있습니다.

[그림 1-3-8] 필터 펼치기

[그림 1-3-9] 필터 예시

Tip 캐릭터를 선택할 때 스피커 모양의 '미리듣기' 기능과 '필터' 기능을 적극적으로 활용하여 캐릭터가 어떤 언어를 구사하는지 미리 확인하는 것을 추천합니다. 한국어 캐릭터는 영어 대사를 부자연스럽게 읽습니다. 반면에 영어 캐릭터는 한국어 대사를 부자연스럽게 읽습니다.

6) 대사 입력하기

원하는 캐릭터를 모두 고른 후, [그림 1-3-10]의 ① '뒤로가기' 버튼을 눌러 대사 입력창으로 돌아옵니다.

[그림 1-3-11]의 ②를 클릭하면 선택한 캐릭터 목록이 뜹니다. 여기서 첫 번째 대사를 읽을 캐릭터를 선택합니다.

[그림 1-3-11]의 ③은 대사 입력창입니다. 'Type a message' 칸에 대사를 입력합니다. ③ 대사 입력창 우측에 있는 화살표 모양 아이콘은 각각 '실행취소'와 '다시실행'의 기능을 합니다.

[그림 1-3-10] 뒤로가기

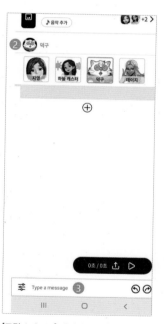

[그림 1-3-11] 캐릭터 선택과 대사 입력

[그림 1-3-12] 화면에서 ① 아이콘을 클릭하면 [그림 1-3-13] 화면이 나타납니다. 앞서 소개한 끊어 읽기, 스피드, 스타일, 피치, 템포를 직접 설정할 수 있습니다.

Tip 상황극을 만들 때는 이 기능을 적극적으로 사용하는 것을 추천합니다. 'normal A', 'normal B'와 같은 베리에이션뿐만 아니라 'angry', 'sad', 'happy' 등의 스타일을 이용하여 대사에 감정을 입힐 수 있습니다. 단, 특정 캐릭터만 이 기능을 지원합니다.

[그림 1-3-12] 대사 상세 설정 아이콘

[그림 1-3-13] 대사 상세 설정 예시

7) 대사 추가하기

　같은 캐릭터가 여러 문장을 이야기하는 경우는 스마트폰 자판의 엔터를 눌러 대화창을 추가하면 됩니다. 반면에, 다른 캐릭터를 등장시키고 싶은 경우에는 [그림 1-3-14]의 ① 더하기 모양의 아이콘을 클릭하면 됩니다.

　만드는 중간중간 ② 영상 길이를 확인하며 동영상의 최대 길이는 1분 미만이라는 사실을 꼭 기억합니다. 대신, 1분 정도의 완성된 동영상의 용량이 평균 1.5MB이라 단시간에 파일을 업로드할 수 있습니다.

[그림 1-3-14]

8) 저장하기와 공유하기

대사 입력이 모두 끝났다면, [그림 1-3-14]의 ③ '공유' 또는 ④ '재생'을 클릭합니다.

③ '공유' 아이콘을 클릭하면 '저장하기', '공유하기', '스토리 게시' 아이콘이 등장합니다. '공유하기'를 클릭하면 틱톡, 인스타그램, 페이스북, 유튜브에 바로 업로드할 수 있습니다. 단, 타입캐스트 스토리로 만든 동영상을 무료 멤버십으로 온라인 채널(유튜브 등)에 공유할 경우에는 이 동영상이 타입캐스트에서 제작되었다는 표기가 필요합니다(타입캐스트 홈페이지 – 고객지원 – 출처표기 안내).

또는 ③ 아이콘을 클릭한 후, '저장하기'를 눌러 스마트폰에 저장한 후, 정해진 플랫폼에 업로드하도록 안내합니다.

02. 타입캐스트로 만든 동영상 감상하기

이메일, 패들렛, 퀴즈앤 보드

학생들이 만든 동영상
을 다 함께 감상하는 방법
으로 이메일을 절대 추천
하지 않습니다. 학생들이
교사의 이메일로 동영상
을 각자 전송하면, 교사는
동영상을 하나씩 일일이
다운로드해야합니다.

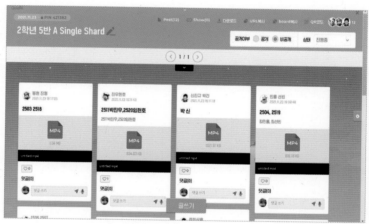

[그림 1-3-15] 학생들 작품 예시(https://bit.ly/퀴즈앤보드)

추천하는 방법은 학생
들에게 패들렛, 퀴즈앤 보드 등의 플랫폼에 직접 업로드하도록 제안하는 것입니다. 패들렛과 퀴즈앤
보드는 제한된 사용 안에서 무료로 이용할 수 있습니다. 퀴즈앤은 쇼(show)와 보드(board)로 이루어
져 있는데, 각각 카훗과 패들렛의 기능과 유사합니다.

> Tip   오프라인 수업이면 인터넷 주소창(URL)을 학생들과 공유하는 것보다 QR코드를 활용하는
> 것이 좋습니다. QR코드는 네이버에서 무료로 만들 수도 있고, 퀴즈앤 보드 상단 메뉴에서 'QR코
> 드'를 클릭하면 해당 게시판의 QR코드를 바로 보여줍니다.

4.오토드로우(AutoDraw),
퀵드로우(QuickDraw)

들어가며

그림으로 표현하는 걸 어려워하는 학생이 인공지능과 협업한다면 어떤 모습일까요? 이 장에서 소개할 드로잉 툴은 그리기 활동에 자신 없는 학생, 그림에 소질이 없어 싫어하거나 선호도가 낮은 학생, 그리고 이러한 학생들과 수업을 계획하고 있는 선생님들이 만족할 수 있는 도구입니다. 특히 그림 그리는 것 자체가 목적이 아닌 수단이 되는 수업에서 더욱 효과적입니다. 또한, 학생들은 자신이 그린 그림으로 인공지능과 게임을 하며 눈에 보이지 않는 인공지능이 우리 가까이에 존재하고 있음을 깨닫게 됩니다.

지금부터 소개할 오토드로우와 퀵드로우는 비교적 쉽고 가벼운 도구로서 여러 교과 수업뿐만 아니라 다양한 교실 활동에서 활용할 수 있습니다. 표현의 역량이 부족한 학생들에게 도움을 주는 오토드로우와 퀵드로우의 사용법을 하나씩 알아보겠습니다.

오토드로우(AutoDraw)

01. 오토드로우 사용 방법

1) 오토드로우란?

오토드로우는 인공지능 기술이 적용된 웹 드로잉 툴로 구글에서 무료로 제공하는 웹서비스입니다. 인터넷 사용만 가능하면 다운로드 및 로그인의 과정이 필요 없어 언제 어디서든 쉽게 이용할 수 있는 편리함과 활용성을 갖춘 것이 가장 큰 장점입니다.

2) 오토드로우 시작하기

포털 사이트 검색창에 '오토드로우'를 검색하면 대부분 페이지 제일 위에 사이트 주소가 나오기 때문에 쉽게 찾을 수 있습니다. 오토드로우 사이트 주소는 https://www.autodraw.com입니다.

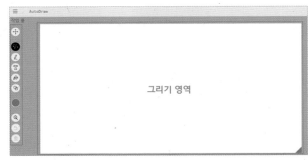

[그림 1-4-1] 오토드로우 시작하기

3) 오토드로우 작업 툴 사용하기

오토드로우 사이트에 접속하면 가장 처음으로 보이는 화면입니다. 간단하고 깔끔한 첫 페이지를 보면 짐작할 수 있듯이 사용 방법이 쉽고, 화면 왼쪽에 나열되어있는 작업 툴은 직관적이기까지 해 디지털이 환경이 익숙한 학생들은 그 기능을 금방 예측할 수 있습니다.

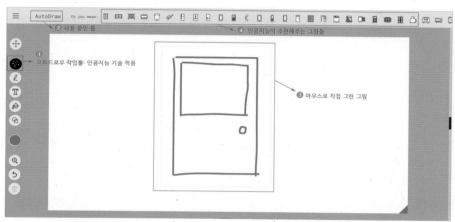

[그림 1-4-2] 오토드로우 작업 툴

가장 먼저 소개할 작업 툴은 ① AutoDraw입니다. 사이트 접속 시 자동으로 실행되며 ②를 통해 현재 실행 중인 작업 툴을 확인할 수 있습니다. 오토드로우 작업 툴에 적용된 인공지능은 사용자가 ③에 그린 그림을 인식하고 예측하여 ④와 같이 여러 종류의 그림들로 추천해줍니다. 추천된 그림 중 마음에 드는 걸 한 가지 선택하여 낙서와 가까운 그림을 정돈하거나 응용된 형태로 바꿔줄 수 있습니다.

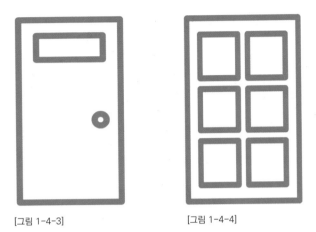

[그림 1-4-3]　　　　　　　　　[그림 1-4-4]

　또한, ① Select 작업 툴을 이용하여 그림의 위치 이동이 가능하고 크기를 확대하거나 축소할 수 있으며 ②의 휴지통을 통해 선택한 그림을 삭제할 수 있습니다. ③ Fill 작업 툴은 원하는 곳을 커서로 선택하여 색을 채우는 기능으로 ④에서 색상 선택이 가능합니다.

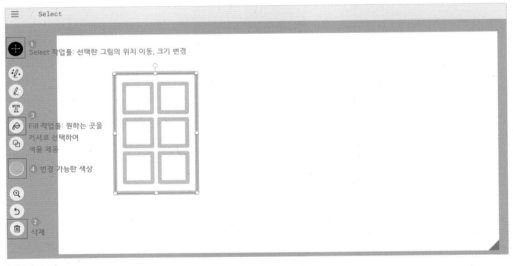

[그림 1-4-5]

그리고 ① Draw 작업 툴은 일반적인 그리기 도구로써 그림을 추천해주지는 않지만, 삐뚤삐뚤한 선을 어느 정도 정돈해줍니다. ② Type 작업 툴은 글자를 입력하고 ③에서 글씨체와 크기를 변경할 수 있지만, 글씨체는 영어만 지원합니다. 글씨 크기를 직관적으로 변경하고자 할 땐 ④ Select 작업 툴과 ⑤ 드래그를 활용하면 됩니다. 또한, ⑥ Shape 작업 툴로 세 가지의 도형 입력이 가능하고, ⑦에서 작업 화면을 확대하고, 실행한 작업 내용을 취소하여 되돌릴 수 있습니다.

[그림 1-4-6]

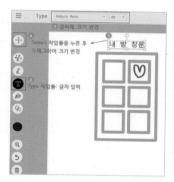

[그림 1-4-7]

[그림 1-4-8]

02. 오토드로우 활용 방법

1) 저장

완성된 그림은 ①의 메뉴에서 ②의 다운로드를 통해 이미지 파일(.png)로 저장할 수 있으며 영어가 익숙하지 않은 학생은 구글에서 제공하는 ③의 번역기능을 통해 한글로 메뉴를 확인할 수 있습니다.

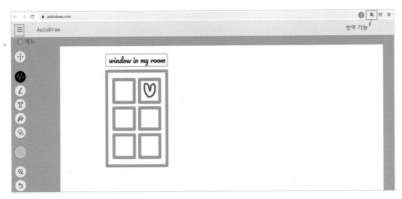

[그림 1-4-9]

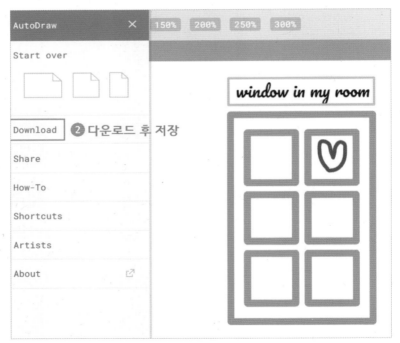

[그림 1-4-10]

2) 다양한 기능

저장 이외에도 메뉴에서 ①~⑥의 기능을 이용할 수 있습니다.

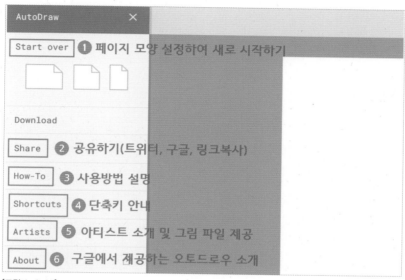

[그림 1-4-11]

> Tip 오토드로우는 스마트폰, 태블릿 PC, 데스크톱 등 여러 기기에서 사용 가능합니다. 하지만 수업에서 활용해본 결과 스마트폰은 화면 크기가 작아 섬세한 작업이 어렵고, 데스크톱은 마우스를 이용하면 그림 그릴 때 어색한 느낌이 들 수 있습니다. 오토드로우를 수업 활동에 최적화하기 위해서는 태블릿 PC와 전용 펜슬을 이용하는 것이 가장 좋습니다.
>
> 또한, 스마트폰과 태블릿 PC는 완성된 작품을 다운로드하면 앨범에 바로 저장되고, 패들렛에 업로드가 쉬우며 서로의 작품을 공유하고 감상할 수 있어 댓글 달기, 발표 수업 등 다양한 후속 활동이 가능합니다.

퀵드로우(QuickDraw)

01. 퀵드로우 사용 방법

1) 퀵드로우란?

퀵드로우는 사용자가 제시어를 보고 그림을 그리면 학습된 인공지능이 이를 인식하여 제시어를 맞추는 간단한 게임 프로그램입니다. 오토드로우와 마찬가지로 구글에서 무료로 제공하는 웹 서비스이며 인터넷 사용만 가능하면 기기의 제약 없이 사이트에 접속하여 이용할 수 있습니다.

2) 퀵드로우 시작하기

포털 사이트 검색창에 '퀵드로우'를 검색하면 대부분 페이지 제일 위에 사이트 주소가 나오기 때문에 쉽게 찾을 수 있습니다. 퀵드로우 사이트 주소는 https://quickdraw.withgoogle.com입니다.

머신 러닝 기술이 학습을 통해 낙서를 인식할 수 있을까요?

여러분의 그림으로 머신 러닝의 학습을 도와주세요. Google은 머신 러닝 연구를 위해 세계 최대의 낙서 데이터 세트를 오픈소스로 공유합니다

시작하기 ──▶ ❶ 클릭

[그림 1-4-12] 퀵드로우 시작하기

3) 퀵드로우 설명

퀵드로우 사이트에 접속하면 가장 처음으로 보이는 화면입니다. 퀵드로우에 대한 간단한 설명과 함께 ①의 시작하기 버튼이 나와 있습니다.

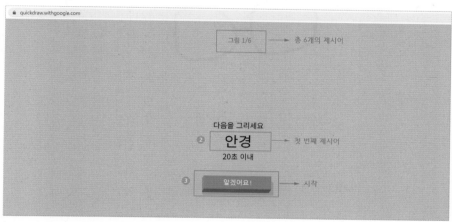

[그림 1-4-13]

시작하기 버튼을 누르면 ②를 통해 여섯 개의 제시어 중 첫 번째 제시어를 확인할 수 있고, ③을 눌러 20초 이내에 첫 번째 제시어를 그림으로 그려야 합니다.

③을 누르면 본격적인 게임이 시작되고, ④에 제시어를 그리면 학습한 인공지능은 이를 인식하고 예측하여 ⑤에 인공지능이 생각하는 정답이 음성과 함께 나옵니다. 20초의 시간제한이 있으므로 ⑥을 통해 남은 시간을 확인할 수 있는데 이때, 박진감 넘치는 초침 소리로 나름의 긴장감을 느낄 수 있습니다. 제한 시간 안에 6개의 제시어를 모두 그리고 나면 결과 화면으로 인공지능의 정답과 오답을 확인할 수 있습니다.

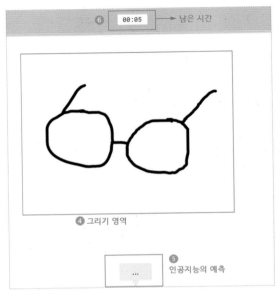

[그림 1-4-14]

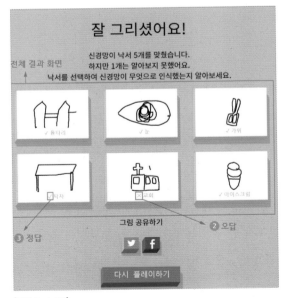

[그림 1-4-15]

02. 퀵드로우 활용 방법

1) 예측 방법 확인하기

　게임이 종료된 후 각 그림을 클릭하면 인공지능이 수많은 이용자의 그림을 통해 학습한 결과를 바탕으로 나의 그림을 어떻게 인식했는지 확인할 수 있습니다.

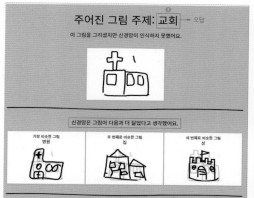

[그림 1-4-16]

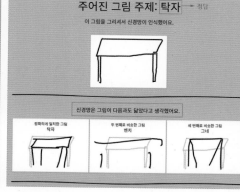

[그림 1-4-17]

2) 다른 사람들의 그림 확인하기

퀵드로우 사이트 접속 후 첫 화면에서 ①의 링크를 클릭하면 ②와 같이 사용자들의 그림 데이터를 확인할 수 있고, ③처럼 개별 그림을 클릭하면 해당 제시어를 그린 사용자들의 그림을 ④처럼 확인할 수 있습니다.

[그림 1-4-18]

[그림 1-4-19]

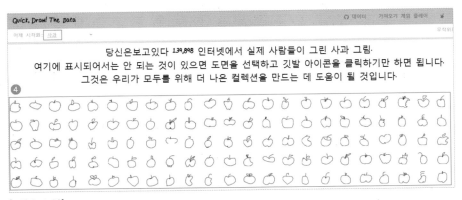

[그림 1-4-20]

또한, ⑤처럼 각 그림이 언제 어느 나라에서 그려졌는지의 정보도 확인 할 수 있고 만약, 그림이 제시어에 적합하지 않다고 생각되면 ⑥의 깃발 아이콘을 클릭해 더욱 정확한 예측을 위한 학습이 이루어지도록 피드백을 제공할 수 있습니다.

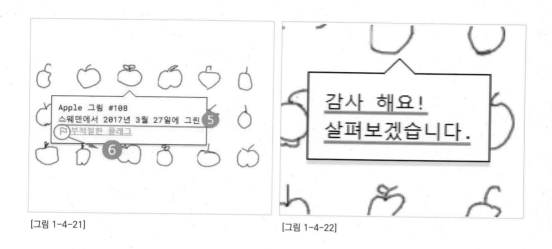

[그림 1-4-21]

[그림 1-4-22]

Tip   퀵드로우는 비슷한 원리가 적용된 오토드로우와 함께 소개하거나 쉽고 간단하게 사용할 수 있으므로 수업의 동기유발 자료, 학급 특색활동 등 다양하게 활용할 수 있습니다.

5.씨잉 뮤직(Seeing Music)

들어가며

새로운 기술들이 나날이 발전하며 다양한 인공지능 프로그램들이 우리 주변에서 이미 많은 도움을 주고 있습니다. 최근 들어 인간에게 가장 가깝고 자주 사용하게 된 대표 인공지능 프로그램은 아마도 '인공지능 스피커'가 아닐까 합니다. 이미 여러분은 스마트폰, IPTV, 차량 내비게이션 등에 장착된 다양한 AI 스피커를 경험해 보셨을 겁니다. 우리는 인공지능이라 하면 자연스럽게 컴퓨터, 로봇을 먼저 떠올리고 이것을 작동시키기 위해서는 컴퓨터 조작 혹은 물리적 버튼 등으로 원하는 무엇인가를 입력해야 한다고 생각했습니다. 그런데 인간이 하는 말(음성)을 듣고 그 내용에 따라 알맞은 응답(음성 혹은 작동)을 보이는 인공지능 프로그램이라니! 그것의 출현은 정말 놀라웠습니다.

이번 장에서 소개해드릴 인공지능 프로그램은 위에서 언급한 스피커와 같이 소리(음성) 입력값에 따라 응답을 보인다는 점에서는 유사하나, 그 응답을 선과 색 그리고 모양으로 확인할 수 있다는 점이 다릅니다. 좀 더 정의해 보자면, 세상에 존재하는 소리를 귀로만 듣는 게 아니라 눈으로 볼 수 있도록 도와주는 프로그램입니다. 제목 그대로 씨잉 뮤직, 소리의 시각화 프로그램에 대해 알아보겠습니다.

씨잉 뮤직(Seeing Music)

01. 프로그램 소개

[그림 1-5-1] Seeing Music 프로그램을 선보이는 Jay [1]

   씨잉 뮤직(Seeing Music)은 제이 앨런 짐머만(Jay Alan Zimmerman)이라는 작곡가가 구글 (Google)과의 협업으로 개발한 인공지능 프로그램입니다. 제이는 20대 초반부터 청력을 점차 잃기 시작해 현재는 대부분의 청력을 잃었지만, 여전히 활발한 음악 작업을 하고 있습니다. 그는 자신의 기억력, 상상력과 자신이 만든 음정 시각화 도구(Pitch Visualizer)를 사용하여 작곡한다고

---

1) "Seeing Music Tutorial:Experience music visually." 2020(www.youtube.com).

합니다.[2] 이와 같은 경험과 아이디어로 만들게 된 인공지능 프로그램이 바로 '씨잉 뮤직'입니다. '씨잉 뮤직'은 소리를 이루고 있는 다양한 요소(크기, 높낮이, 음색)를 우리가 눈으로 볼 수 있도록 다양한 방법으로 시각화해주는 프로그램입니다. 그럼 프로그램의 사용법과 내용을 함께 살펴보도록 하겠습니다.

02. 프로그램 사용법

1) 시작하기

앞에서 언급했듯이 씨잉 뮤직(Seeing Music)은 구글(Google)의 인공지능 협업으로 만들어진 프로그램으로 크롬 플랫폼을 이용하기를 권장합니다. 그리고 PC와 더불어 스마트폰과 태블릿 PC에서도 사용할 수 있지만 가장 알맞은 사용환경은 PC인 점을 알립니다.

먼저, 크롬을 실행한 후 'seeing music'을 입력하여 검색 후 해당 사이트를 클릭하여 이동합니다.

(https://creatability withgoogle.com/seeing-music/)

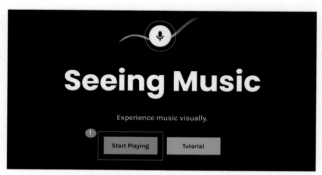

[그림 1-5-2] Seeing Music 실행하기

---

2) "A deaf composer holds out for science(2015)(www.wnystudios.org).

[그림 1-5- 2]는 '씨잉 뮤직' (Seeing Music)의 첫 화면 모습이며 프로그램을 실행하기 위해서 ❶ Start Playing을 누릅니다.

> Tip 프로그램이 실행되면 자동으로 PC와 연결된 마이크(microphone)가 활성화됩니다. 내장형 마이크가 없는 경우에는 별도의 마이크를 연결해 주시면 됩니다.

2) 탐색하기

프로그램이 실행된 화면의 왼쪽에는 설정 메뉴가 있습니다. 각 메뉴의 내용을 위에서부터 순서대로 간단히 살펴보도록 하겠습니다.

- Basic mode(베이식 모드)
  - 마이크 사용하는 기본 방식
- Microphone(마이크)
  - 파란색(활성화), 회색(비활성화)
- Visualization(시각화)
  - 소리의 시각화 방법 선택
- Example sound(예시 음원)
  - 목소리와 악기(색소폰, 기타, 바이올린, 타블라) 소리 선택
- Piano mode(피아노 모드)
  - 다성음악, MIDI 키보드 입력 방식

- Choose your own file(내 파일 선택)
  - 소장한 음원 선택, 실행
- Color(색상)
  - 다색(활성화), 흰색(비활성화)
- Grid and notes(음높이 기준선)
  - 고음과 저음 기준선 표시 선택

[그림 1-5-3] 프로그램 설정 메뉴

3) 실행하기

(1) 소리 입력하기

씨잉 뮤직(Seeing Music) 프로그램에 소리를 입력하는 방법은 다음과 같이 세 가지입니다.

- Basic Mode(베이식 모드) – 마이크를 통한 소리 입력
- Piano Mode(피아노 모드) – MIDI 키보드 연결로 소리 입력
- Choose Your Own File(음원 파일 선택) – 음원 파일 업로드

이 중에서 베이식 모드와 음원 파일을 업로드하여 소리를 입력하는 방법을 살펴보겠습니다.

■ Basic Mode(베이식 모드)

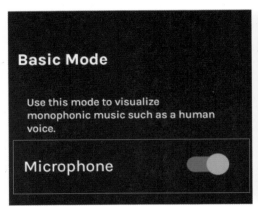

[그림 1-5-4] 마이크 활성화 확인

화면의 왼쪽 상단 마이크의 on/off 상태를 확인합니다. 파란색으로 활성화되었을 때 소리가 잘 인식된다면, 메뉴 옆 본 화면에 그림이 나타나는 것을 확인할 수 있습니다.

■ Choose Your Own File(음원 파일 선택)

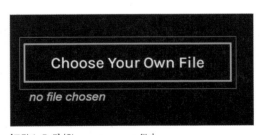

[그림 1-5-5] 'Choose your own file'

마이크를 통해 소리를 입력하는 방법 외에 음원, 동영상 파일을 업로드하여 소리를 시각화할 수도 있습니다. 컴퓨터에 저장된 음원 파일을 한 번 올려보겠습니다.

먼저, 화면 왼쪽 메뉴 중 'Choose Your Own File'을 클릭합니다.

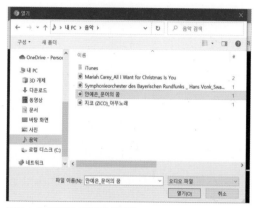

다음으로 컴퓨터에 있는 음원, 동영상 파일 등을 선택하여 '열기'를 클릭합니다.

[그림 1-5-6] 파일 선택하고 올리기

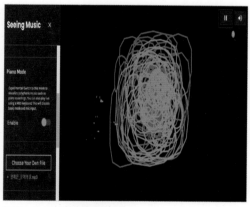

파일이 업로드되면 자동 재생이 되며 시각화된 화면을 볼 수 있습니다. 음원 재생을 멈추고 싶다면, 화면 오른쪽 상단에 있는 일시 정지 버튼(❶)을 누르거나, 음원 목록 옆 ×를 눌러 파일을 삭제합니다.

[그림 1-5-7] 파일 재생 화면

(2) Example Sound 살펴보기

씨잉 뮤직(Seeing Music) 프로그램에는 샘플 음원이 있습니다. 여성의 음성, 색소폰, 기타, 바이올린, 타블라 소리가 각각 네 가지씩 다르게 게시되어 있습니다. 다양한 음색과 리듬, 가락 등의 변화를 시각화된 화면으로 비교하며 감상할 수 있습니다.

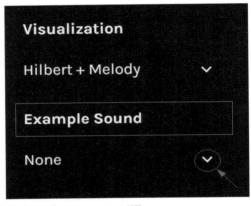

화면 왼쪽 메뉴 중 Example Sound에서 해당 부분을 클릭하고 게시되어 있는 여러 예시 중 하나를 선택하여 들어봅니다.

[그림 1-5-8] Example Sound 선택

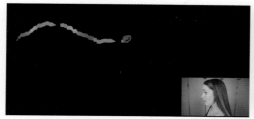

[그림 1-5-9] Voice

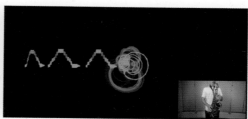

[그림 1-5-10] Sax

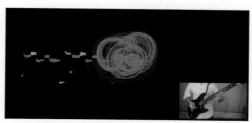

[그림 1-5-11] Guitar

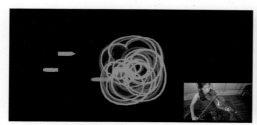

[그림 1-5-12] Violin

[그림 1-5-13] Tabla

4) 결과보기

　씨잉 뮤직에서 제공하는 소리를 시각화하는 방법은 크게 Melodic, Harmonic 그리고 Dynamic 으로 나뉩니다. 각 부분이 세분되어 총 아홉 가지 방법으로 소리를 볼 수 있게 표현해 줍니다. Jay 가 제시한 소리를 보는 방법들을 하나씩 살펴보겠습니다.

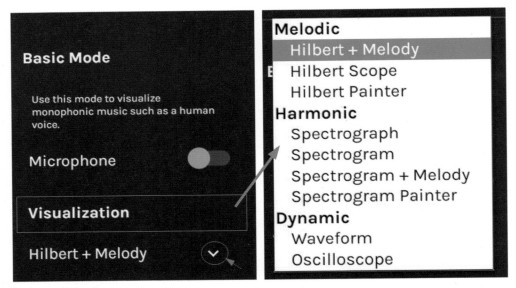

[그림 1-5-14] Visualization

　위의 그림처럼 시각화 부분을 열어 보면 다양한 시각화 방법을 선택할 수 있습니다.

■ Melodic(선율)

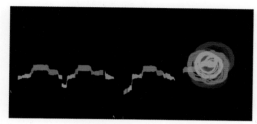

[그림 1-5-15] Hilbert + Melody

Melodic 부분 안에 제시된 시각화 방법들은 음의 높낮이와 소리의 크기와 질감을 눈으로 확인할 수 있습니다.

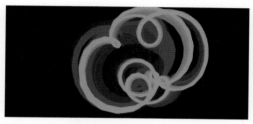

[그림 1-5-16] Hilbert Scope

음악의 진행에 따라 선율이 색색의 점과 선으로 표현되고, 소리의 크기에 따라 scope의 범위가 달라지는 것을 볼 수 있답니다.

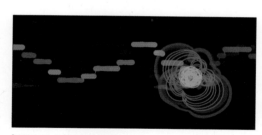

[그림 1-5-17] Hilbert Painter

음의 질감이라는 뜻은 정련된 소리(악기나 가수의 음성)나 소음에서 느껴지는 감각을 떠올리면 이해하기 쉬울 것입니다. 정련된 소리, 즉 음악일 때에는 화면에 나타나는 선이 둥글게 표현되지만, 소음(noise)일 때는 뾰족한 선으로 즉 직관적으로 감상할 수 있게 나타납니다.

■ Harmonic(화음)

[그림 1-5-18] Spectrograph

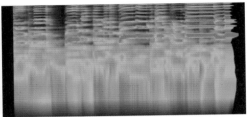

[그림 1-5-19] Spectrogram

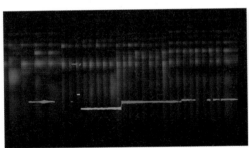

[그림 1-5-20] Spectrogram Melody

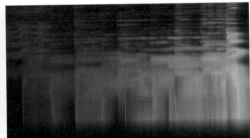

[그림 1-5-21] Spectrogram Painter

Harmonic 부분에 제시된 시각화 방법은 Spectrogram을 기본으로 제시하고 있습니다. 이것은 소리와 파동을 볼 수 있는 시각화 방법입니다. 그뿐만 아니라 가로축을 기준으로 저음과 고음이 분포되어 나타나며 연주되는 소리는 붉은색으로 강조되어 표현됩니다.

Spectrograph는 좀 더 직관적으로 연주되는 소리의 높낮이와 볼륨감이 드러납니다.

■ Dynamic(셈여림)

소리의 강약을 시각화하여 볼 수 있는 부분으로 두 가지 방법을 제시합니다. 이는 소리의 크기에 따라 달라지는 파동의 크기를 보여줍니다. 특히 Oscilloscope는 파형의 부드러움과 날카로움을 통해 앞서 나왔던 Hilbertscope와 비슷하게 음색의 질감을 알아볼 수 있게 표현합니다.

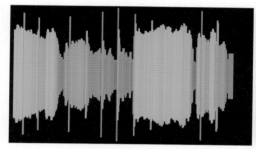

[그림 1-5-22] Waveform

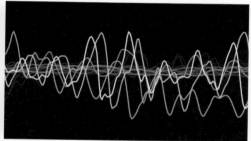

[그림 1-5-23] Oscilloscope

6. 크롬 뮤직 랩
(CHROME MUSIC LAB)

들어가며

작곡이란 무엇일까요? 국어사전에는 '음악 작품을 창작하는 일. 또는 시나 가사에 가락을 붙이는 일'이라고 쓰여 있습니다. 학생들이 국어 시간에 시나 가사를 쓰는 작사행위는 꽤 흔하고 쉽게 할 수 있습니다. 왜일까요? 바로 글을 쓰는 행위는 초등학교 1학년 혹은 그 이전부터 학생들에게 이루어졌던 익숙한 일이기 때문입니다. 학생들은 초등학교 입학 후 자기의 생각이나 느낌을 글로 표현하는 훈련을 많이 합니다. 그리고 음악적 감각이 있는 학생의 경우 본인이 쓴 동시에 운율을 덧붙여 흥얼거리는 것을 쉽게 볼 수 있습니다. 그러나 흥얼거리는 수준을 넘어 곡으로 만들기는 쉽지 않습니다. 그 행위는 학생들에게 익숙하지 않기 때문입니다.

작곡은 기본적으로 멜로디와 리듬을 가사에 덧붙이는 작업이므로 가락악기 하나와 타악기 하나를 능숙하게 다룰 수 있어야 합니다. 그런 훈련을 하기에는 학교 정규 음악 시간이 턱없이 부족합니다. 크롬 뮤직 랩의 '송 메이커'는 학생들이 능숙하게 악기를 다루지 못하더라도 쉽게 작곡을 할 수 있는 도구를 제공합니다. 이번 장에서는 '송 메이커'를 중심으로 크롬 뮤직 랩에 대해서 알아보도록 하겠습니다.

크롬 뮤직 랩(CHROME MUSIC LAB)

01. 크롬 뮤직 랩

크롬 뮤직 랩을 이용하기 위해서는 별도의 앱이나 프로그램 설치 없이 PC나 태블릿 혹은 스마트폰 인터넷 브라우저에서 이용할 수 있습니다. 구글에서 크롬 뮤직 랩이라고 검색하면 접속할 수 있습니다. 크롬 뮤직 랩에서 제공하는 14가지의 도구를 간단하게 소개하면 다음과 같습니다.

1) Shared Piano

다른 사용자와 함께 사용한 가능한 피아노입니다. 왼쪽 아래에 코드가 있는데 이 코드를 공유하면 코드를 공유한 사람끼리 한 피아노에 모여서 피아노를 칠 수 있습니다. 설정에서 옥타브나 음정 표시등의 기능을 조정할 수 있습니다.

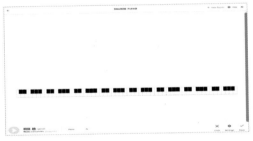

[그림 1-6-1] 셰어드 피아노

2) Song Maker

간단한 작곡을 할 수 있는 프로그램입니다. 화면에 나타난 격자를 터치하면 음계에 맞는 색과 함께 소리가 나오며, 다시 누르면 사라집니다.

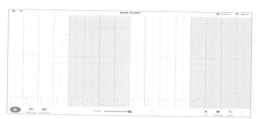

[그림 1-6-2] Song Maker

3) 리듬

타악기 리듬을 제작하는 프로그램입니다. 네 종류의 타악기 소리를 제공하며 6, 8, 12박자를 제공합니다. 간단하게 제작하여 가락악기 합주의 배경 리듬으로 사용하기 좋습니다.

[그림 1-6-3] 리듬

4) 스펙트로그램

스펙트로그램은 소리의 모양을 나타내주는 프로그램입니다. 소리를 만드는 진동수의 높고 낮음 및 시간이 지남에 따라 변하는 모습을 표현해줍니다. 몇몇 기본 악기들과 마이크를 활용하여 내가 원하는 소리의 모습을 확인할 수 있습니다.

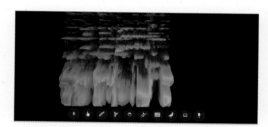

[그림 1-6-4] 스펙트로그램

5) 음파

소리는 물을 통과하는 파도처럼 공기를 통해 이동하지만 훨씬 빠릅니다. 파란 점은 소리가

[그림 1-6-5] 음파

공기 분자를 통과할 때 앞뒤로 튀는 공기 분자를 나타냅니다. 돋보기 탭을 활용하면 분자 위치를 나타내는 붉은 선이 파동의 모양을 추적하는 것을 볼 수 있습니다.

6) 아르페지오

화음의 각 음을 연속적으로 차례 연주하는 아르페지오를 모든 코드로 제공합니다. 재생 버튼을 누르고 코드를 누르면 계속해서 아르페지오가 나오므로 코드를 이해하는 데 도움이 됩니다.

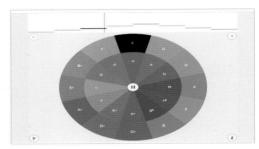

[그림 1-6-6] 아르페지오

7) 칸딘스키

선, 원, 삼각형 등 다양한 도형을 소리로 바꿔 줍니다.

> Tip 원을 그리면 그 안에 눈, 코, 입을 그려줍니다.

[그림 1-6-7] 칸딘스키

8) 보이스 스피너

레코드플레이어처럼 소리를 녹음하여 들려 줍니다. 속도와 재생 방향을 바꿀 수 있습니다. 빠르게 돌리면 소리가 높아지고, 느리게 돌리면 소리가 낮아집니다.

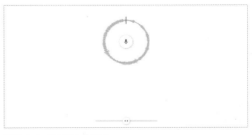

[그림 1-6-8] 보이스 스피너

9) 화성학

진동수 변화에 따른 소리의 변화를 직관적으로 보여주는 프로그램입니다. 옥타브와 메이저 코드 같은 음정들이 생기는 원리를 설명해줍니다.

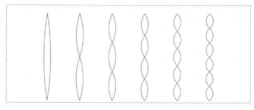

[그림 1-6-9] 화성학

10) 피아노 롤

아날로그적으로 만들어진 스스로 연주하는 피아노인 피아노 롤을 디지털화한 프로그램입니다. 몇 가지의 저장된 음악을 피아노, 신시사이저 혹은 내가 녹음한 소리로 연주할 수 있습니다.

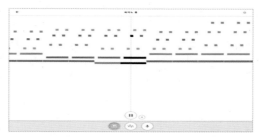

[그림 1-6-10] 피아노 롤

11) 발진기

진동자가 진동수에 따라 일정한 소리를 냅니다. 진동수가 적을수록 높은 소리를, 많을수록 높은 소리를 냅니다. 진동자의 모양을 바꿔가면서 소리를 들을 수 있습니다.

[그림 1-6-9] 발진기

12) 현악기

현악기의 현의 길이에 따른 음조 간 관계를 직관적으로 확인할 수 있습니다. 현의 길이가 반이 됨에 따라 한 옥타브 위의 같은 음을 연주

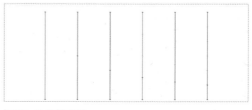

[그림 1-6-12] 현악기

하는 것을 청각적·시각적으로 확인할 수 있습니다.

13) 멜로디 메이커

송 메이커의 간단한 버전입니다. 가락악기로 간단한 멜로디를 만들 수 있는 도구입니다. 가락악기의 종류를 바꿀 수 없고, 리듬악기를 지원하지 않으며, 옥타브도 2옥타브까지만 사용할 수 있습니다.

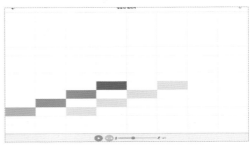

[그림 1-6-13] 멜로디 메이커

14) 코드

피아노의 기본 3음계 코드를 보여주고 들려주는 프로그램입니다. 해당 음을 클릭하면 해당 음이 가장 낮은음인 3음계 코드를 보여주고 들려줍니다.

[그림 1-6-14] 코드

02. 송 메이커

크롬 뮤직 랩에서 가장 유용한 기능인 송 메이커의 기본적인 사용 방법을 익혀보도록 하겠습니다.

가장 먼저 크롬 뮤직 랩에 접속하여 두 번째에 있는 송 메이커를 클릭해줍니다. 송 메이커에 접속하면 첫 화면은 아래와 같습니다.

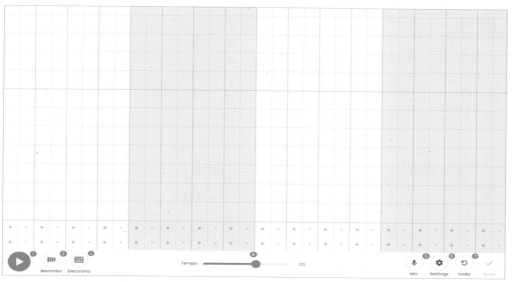

[그림 1-6-15] 송 메이커 첫 화면

① 음악을 재생하는 버튼(Space 바를 눌러도 같은 기능)

② 가락악기 선택 버튼(마림바, 피아노, 현악기, 목관악기, 신시사이저)

③ 리듬악기 선택 버튼(전자악기, 나무 블록, 북, 콩가)

④ 음악의 재생 속도를 조정하는 바

⑤ 마이크 버튼, 외부의 소리를 듣고 해당하는 음을 선택해준다.

⑥ 설정 버튼

⑦ 되돌리기 버튼

[그림 1-6-16] 송 메이커 설정 화면

설정 버튼을 누르면 다음과 같이 설정할 수 있습니다.

① 마디 수: 전제 마디 수를 결정합니다. 기본 4마디이며 최장 16마디까지 설정할 수 있습니다.

② 박자: 한 마디 안에 들어가는 박자를 설정합니다. 2~7박까지 설정할 수 있습니다.

③ 분박: 한 박자를 몇 마디로 쪼갤 것인가 결정합니다. 1~4분박까지 설정할 수 있습니다.

④ 음계: 사용할 음계를 결정합니다.

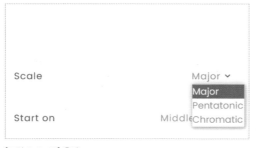

Major: 장조

(도레미파솔라시도)

Pentatonic: 5음계

(도레미솔라)

Chromatic: 반음계(12음계)

[그림 1-6-17] 음계

⑤ 첫 음: 음계의 시작하는 첫 음을 결정합니다.

Tip Middle C로 설정하는 것을 추천합니다.

[그림 1-6-18] 첫 음

⑥ 음역: 3옥타브까지 사용 가능하며, 기본 2옥타브로 설정되어 있습니다.

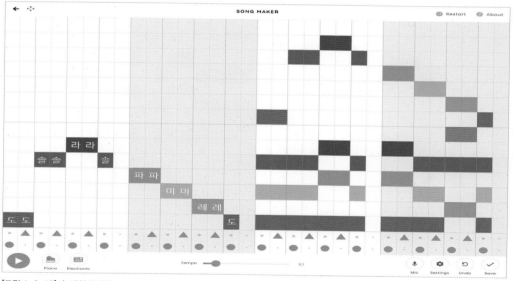

[그림 1-6-19] 송 메이커 기본

기본 설정이 시작 음은 도, 음계는 장조, 옥타브는 2옥타브이므로 그림과 같이 설정됩니다. 같은 음은 같은 색으로 표현됩니다. 한 번 클릭하게 되면 해당 음에 멜로디가 쌓이고, 다시 한번 누르면 지워집니다. 아래의 동그라미와 세모는 타악기를 나타내며 사용 방법은 가락악기 음계를 누른 것과 마찬가지로 한 번 누르면 리듬이 쌓이고 다시 한번 누르면 지워집니다. 한 번에 여러 음을 내는 것이 가능하므로 악보의 두 번째 마디 줄처럼 화음을 쌓아서 표현하는 것도 가능합니다. 같은 음이 같은 색으로 표현되므로 학생들이 직관적으로 화음을 쌓는 것이 간편합니다. 간단한 작곡이라도 2옥타브 이상 사용하여 화음을 쌓도록 지도합니다.

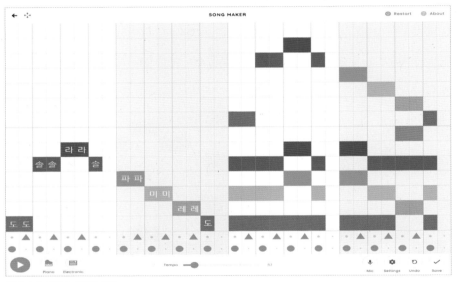

[그림 1-6-20] 송 메이커 저장

작곡을 다 하였다면, 공유하는 방법은 간단합니다.

화면 오른쪽 아래의 Save 버튼을 클릭하면 다음과 같이 나옵니다.

Your song is saved at this link:

https://musiclab.chron

Copy Link

EMBED CODE ˅   DOWNLOAD MIDI   DOWNLOAD WAV

[그림 1-6-21] 저장

여기에서 파일로 저장하고 싶다면 'DOWNLOAD WAV'를 클릭하면 WAV 파일로 저장할 수 있습니다. 링크로 공유하고 싶다면 'Copy Link'를 누르면 링크를 공유할 수 있습니다. 패들렛에 링크를 공유하면 간편하게 학생들끼리 해당 작곡 결과물을 공유할 수 있습니다.

송 메이커로 작업한 예시작품을 몇 가지 소개하겠습니다.

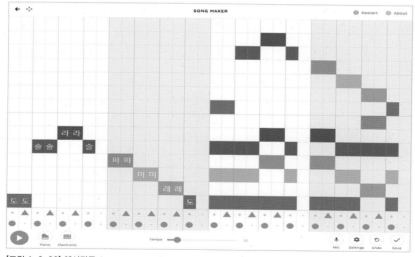

[그림 1-6-22] 예시작품 1

[그림 1-6-23] 예시작품 1 QR코드

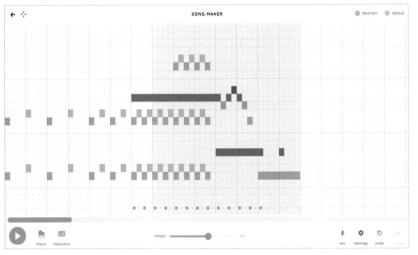

[그림 1-6-24] 예시작품 2

[그림 1-6-25] 예시작품 2

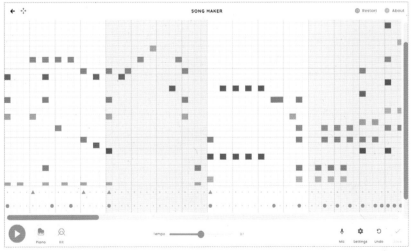

[그림 1-6-26] 예시작품 3

[그림 1-6-27] 예시작품 3

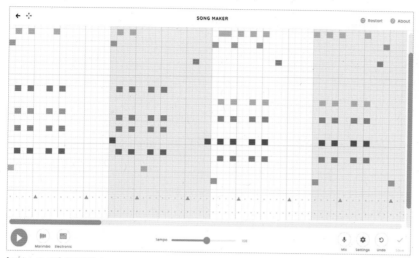

[그림 1-6-28] 예시작품 4

[그림 1-6-29] 예시작품 4

7. 네이버 스마트렌즈, 구글렌즈

들어가며

학생들은 다양한 공간, 사물, 자연들과 관계를 맺고 살아가며 학습합니다. 요즈음 메타버스의 중요성이 주목받아 가상공간에 관한 관심과 연구가 많이 이루어지고 있습니다. 학생들이 미래사회에 대비해야 하는 것은 분명합니다만 가상공간을 공부하기 이전에 현실의 세계를 이해하고 자신의 주변 공간을 파악할 수 있는 능력을 키워주는 것이 먼저 이루어져야 합니다.

우리 주변에 대한 정보는 인터넷에 이미 무궁무진하게 많이 올라와 있습니다. 과거에는 동봉되어 오던 제품 설명서들도 이제는 인터넷에서 정보를 검색하여 필요한 부분만 찾아가며 사용합니다. 그에 따라 인공지능 기술이 발달함에 따라 주변에 대한 정보를 쉽게 얻을 수 있는 검색 방법이 많이 개발되어 있습니다. 주변의 사물이나 글자, 심지어 음악이나 목소리까지 분석하여 정보를 찾아줍니다.

네이버 스마트렌즈와 구글렌즈는 글자나 그림, 형태와 같은 시각적인 정보를 활용하여 검색을 쉽고 빠르게 도와주는 프로그램입니다. 이를 활용하여 학생들의 정보 검색이 쉬워져 수업 중 활용도가 아주 높은 프로그램입니다.

네이버 스마트렌즈, 구글렌즈

01. 네이버 스마트렌즈

1) 네이버 스마트렌즈 설치

네이버 스마트렌즈는 따로 앱이 있지 않습니다. 네이버 앱을 설치하여 실행합니다.

[그림 1-7-1] 앱스토어 속 네이버 검색 모습

네이버 앱이 없더라도 기본 인터넷 브라우저에서 네이버 주소를 입력하고 들어가면 바로 활용할 수 있다는 점이 스마트렌즈의 큰 장점입니다. IOS 운영체제를 사용하는 아이폰이나 아이패드는 사파리를 이용하여 네이버 모바일 페이지에 직접 접속하여 바로 사용합니다.

2) 네이버 스마트렌즈 실행

네이버 앱을 다운받아 실행하거나 인터넷 브라우저에서 주소를 입력하고 들어가거나 네이버 메인 화면은 비슷합니다. 메인 화면에서 하단에 있는 초록색 동그라미를 터치하면 여러 검색 방법이 뜹니다. 그중 렌즈를 선택합니다.

3) 스마트렌즈로 검색하기

스마트렌즈를 실행하면 스마트렌즈 검색이 가장 먼저 실행됩니다. 사물의 형태나 색 등을 토대로 렌즈에 비치고 있는 물건이나 피사체에 대한 가장 유사한 정보들을 검색하여 보여줍니다.

[그림 1-7-2] 네이버 메인에서 스마트렌즈 실행 모습

[그림 1-7-3] 스마트렌즈 검색 모습

① 초록 점들이 색과 형태를 인식하며 분석하는 모습

② 화면을 찍고 검색하는 버튼

스마트렌즈로 검색하면 프로그램이 인식한 정보와 유사한 검색 결과를 보여줍니다. 네이버 스마트렌즈의 가장 큰 장점은 네이버 블로그와 네이버 쇼핑, 네이버 지식인과 같은 네이버에서 제공하는 모든 서비스에서 검색하여 결과를 보여준다는 것입니다.

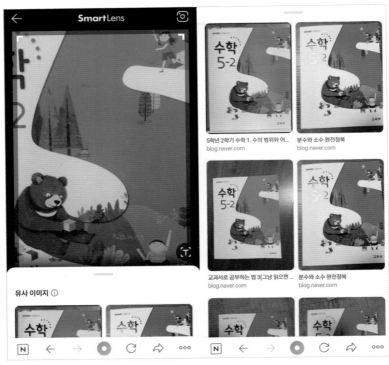

[그림 1-7-4] 스마트렌즈로 검색한 결과

4) 스마트렌즈로 문자 검색하기

스마트렌즈의 장점은 화면을 왼쪽으로 넘기면 쇼핑 렌즈, 문자인식, 와인 레벨 검색까지 가능하다는 것입니다. 그중에서 학생들이 가장 많이 사용하는 문자인식은 인쇄되어있거나 화면에 비추어지는 모든 글자를 스스로 인식합니다.

네이버의 문자인식 검색의 장점은 파파고 프로그램과 연동이 되어 자동으로 번역을 해줍니다. 이를 활용하여 영어 글자를 찍어 검색하면 자동 번역이 됩니다.

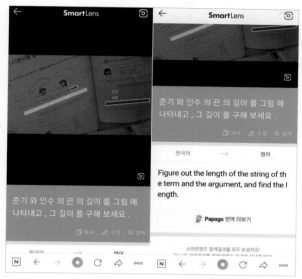

[그림 1-7-5] 문자인식 검색 결과 모습

5) AiRS 이용하기

스마트렌즈를 활용하여 검색을 많이 하다 보면 데이터가 쌓여 AiRS를 사용할 수 있습니다. AiRS는 화면 하단을 위로 올릴 때 나타나며 사용자의 관심사를 분석하여 유사한 콘텐츠를 추천해주는 서비스입니다.

[그림 1-7-6] 화면 밑에 나타난 AiRS

1) 구글렌즈 설치

구글렌즈는 안드로이드 운영체제에서만 설치할 수 있습니다. 앱스토어에서 구글렌즈를 검색하고 설치합니다.

[그림 1-7-7] 앱스토어 속 구글렌즈 검색 모습

2) 구글렌즈로 검색하기

구글렌즈 앱을 실행하면 화면은 상단과 하단이 나뉘어 보입니다. 상단은 카메라로 직접 찍어 검색하는 방법이고 하단은 이미 가지고 있는 이미지를 분석해주는 기능입니다.

[그림 1-7-8] 구글렌즈 실행 모습

① 기존에 보유하고 있는 이미지를 골라 검색해 주는 기능

② 글자 위 네모난 셔터 표시 부분을 탭 하여 검색

③ 돋보기 버튼을 눌러 검색

④ 화면에 찍히는 언어를 감지하여 원하는 언어로 번역

⑤ 텍스트를 감지하여 읽어주는 기능

⑥ 궁금한 질문을 검색하여 답을 찾는 기능

⑦ 화면에 보이는 것과 비슷한 물건을 구매할 수 있는 물건 검색

3) 구글렌즈로 과제 검색하기

구글렌즈 앱은 문제를 검색하여 해결 답안이나 방법을 찾을 수 있는 기능이 있습니다. 앱 내에서 화면 아래에 있는 과제 기능을 탭하고 문제 화면을 촬영하면 해결 방법이나 방안을 찾아줍니다.

[그림 1-7-9] 구글렌즈로 과제 검색

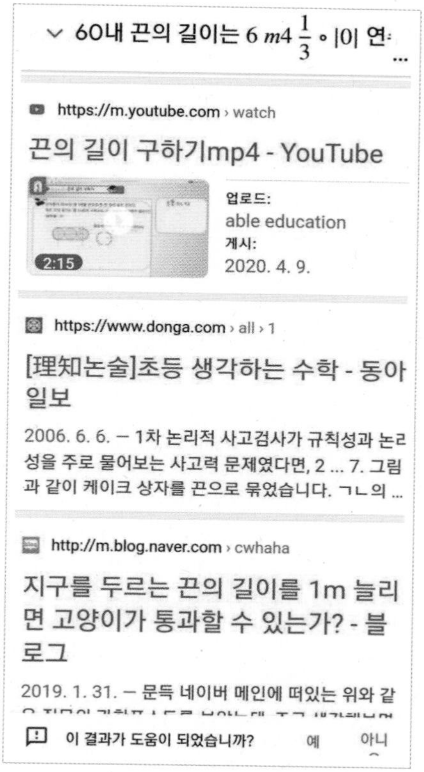

> ⌄ 60내 끈의 길이는 $6\,m\,4\frac{1}{3}$ ॰ |이 연⁚
> ...

🔴 https://m.youtube.com › watch

끈의 길이 구하기mp4 - YouTube

2:15

업로드:
able education
게시:
2020. 4. 9.

🔷 https://www.donga.com › all › 1

[理知논술]초등 생각하는 수학 - 동아일보

2006. 6. 6. — 1차 논리적 사고검사가 규칙성과 논리성을 주로 물어보는 사고력 문제였다면, 2 ... 7. 그림과 같이 케이크 상자를 끈으로 묶었습니다. ㄱㄴ의 ...

🔵 http://m.blog.naver.com › cwhaha

지구를 두르는 끈의 길이를 1m 늘리면 고양이가 통과할 수 있는가? - 블로그

2019. 1. 31. — 문득 네이버 메인에 떠있는 위와 같...

⚠ 이 결과가 도움이 되었습니까?   예   아니⁚

[그림 1-7-10] 구글렌즈 과제 검색 모습

Tip 네이버에서는 블로그, 지식인 자료가 검색되는 장점이 있다면, 구글렌즈 앱에서는 유튜브와 연결되어 검색되므로 문제를 해결하고자 할 때 쉽게 도움받을 수 있습니다.

8. 구글 아트앤컬처
(Google Arts & Culture)

들어가며

우리는 생활 속에서 미술을 쉽게 발견할 수 있습니다. 요즘 미술의 경계는 사라지고 예전보다 훨씬 다양한 분야에서 문화예술 활동이 이루어지며 수많은 예술 작품들이 만들어집니다. 이런 변화 속에서 학생들이 오프라인으로 직접 방문할 수 있는 박물관과 미술관은 한정되며 이를 보완하기 위해 언택트 박물관, 미술관의 온라인 전시가 많이 생겨나고 있습니다.

구글 아트앤컬처는 세계의 수많은 문화예술 작품들을 온라인으로 감상할 수 있도록 만든 프로젝트입니다. 다양하게 나눈 카테고리 속에서 원하는 작품을 찾아볼 수 있고, 고화질의 작품을 확대하여 자세히 감상할 수도 있습니다. 감상하는 과정에서 작품에 대해 자세히 설명해주기도 합니다. 그 외에도 문화예술의 미술적인 요소와 인공지능, 코딩 등의 기술적인 요소를 더한 실험적인 콘텐츠들을 경험할 수 있습니다.

학생들이 직접 체험하기 어려운 다양한 문화예술 활동을 구글 아트앤컬처 프로젝트를 통해 좀 더 쉽게 경험하고, 수많은 문화예술 작품을 감상하며 창의성을 기르고, 다양한 시각으로 세계를 바라볼 수 있기를 기대합니다.

구글 아트앤컬처(Google Arts & Culture)

01. 구글 아트앤컬처 살펴보기

1) 구글 아트앤컬처란

구글 아트앤컬처는 구글과 파트너 관계인 미술관 소유 작품을 온라인에서 고해상도로 감상할 수 있도록 하는 문화예술 프로젝트입니다. 세계의 여러 박물관이나 유명한 장소를 온라인으로 방문할 수 있으며 작가별·재료별·시간별·색상별 등 수많은 카테고리별로 작품을 감상할 수 있습니다. 2,000개 이상의 박물관, 미술관 및 기타 문화기관의 작품을 고화질로 감상하고, 작품에 대한 정보를 얻으며, 예술과 기술을 결합한 다양한 실험 콘텐츠를 체험할 수 있습니다.

[그림 1-8-1] 구글 아트앤컬처 홈페이지 사진

2) 구글 아트앤컬처 사용 방법

구글 아트앤컬처는 PC와 ios/android 앱(App) 두 가지 방법으로 사용할 수 있습니다.

PC에서는 구글 아트앤컬처를 검색하거나 구글 아트앤컬처 주소(https://artsandculture.google.com/)로 들어가면 됩니다.

앱(App)을 통하여 구글 아트앤컬처를 사용하면 카메라를 활용할 수 있어서 나와 닮은 예술 작품 찾기, 내 사진을 예술 작품 스타일로 만들기 등의 다양한 기능을 추가로 사용할 수 있습니다. App Store 또는 Play Store에서 '구글 아트앤컬처'를 검색하여 설치합니다.

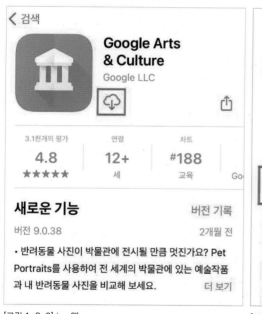

[그림 1-8-2] ios 앱

[그림 1-8-3] android 앱

구글 아트앤컬처는 기본적으로 영어로 되어있기 때문에 구글 번역을 사용하면 한국어로 볼 수 있습니다. 번역하는 방법은 다음 그림과 같이 하단의 'Google 번역'을 누르면 됩니다.

[그림 1-8-4] 구글 번역

    구글 아트앤컬처에서 오른쪽 상단의 찾아보기 혹은 앱의 나침반 모양을 눌러 살펴보면 여러 카테고리별로 작품이 분류되어 있으며 원하는 카테고리를 선택하여 작품을 감상할 수 있습니다. 구글 아트앤컬처 속에는 작품이 너무 많아 하나하나 찾기 어려울 때는 내가 감상하고 싶은 작품이나 아티스트를 직접 검색하여 찾는 것이 좋습니다. 검색은 돋보기 모양을 누르면 할 수 있습니다.

02. 구글 아트앤컬처 기능 알아보기

1) 하이라이트 기능 알아보기 1

오른쪽 상단의 찾아보기 혹은 앱의 나침반 모양을 누르면 하이라이트 기능 중 Art Camera, 360도 동영상, Street View를 사용할 수 있습니다.

[그림 1-8-5] 아트 카메라(Art Camera)

아트 카메라(Art Camera)는 예술 작품을 초고화질로 탐색할 수 있습니다. '예술을 가까이서' 콘텐츠는 유명한 예술 작품을 자세하게 확대하여 작품의 색채, 기법 등을 설명과 함께 다양한 시각에서 감상할 수 있습니다. 그 외에도 붓놀림 확대 살펴보기, 확대된 붓놀림으로 아티스트 추측하기, 색상별로 작품 탐색하기 등의 기능이 있습니다.

[그림 1-8-6] 360° 동영상(360° videos)

   360° 동영상(360° videos)은 가상 현실을 통해 그림, 조각 및 건축물 등의 예술 작품을 탐색할 수 있는 기능입니다. 동영상 속에서 드래그를 통해 다양한 측면의 예술 작품 감상이 가능하며 실제로 그 현장에 있는 것 같은 생생한 느낌을 받을 수 있습니다. 또한, VR 기능을 제공하는 동영상은 나의 시선에 따라 움직이는 박물관이 됩니다. 우주의 오리온성운, 선사시대 해룡도 생생하게 만나볼 수 있고, 세계의 다양한 장소를 360° 동영상을 통해 방문할 수 있습니다.

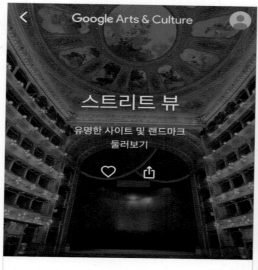

[그림 1-8-7] 스트리트 뷰(Street View)

스트리트 뷰(Street View)는 문화 유적지와 세계 유명한 박물관, 명소 등을 둘러보고 경험할 수 있는 기능입니다. 온라인을 통해 다른 나라의 박물관, 미술관에 실제로 간 것처럼 내가 원하는 곳으로 직접 이동하며 관람할 수 있습니다. 또, 전 세계의 유명한 박물관을 추천받거나 현재 사라진 전시회도 찾아볼 수 있습니다. 그 외에 가이드 투어, 다양한 각도의 기념물 감상 등 다양한 기능이 있습니다.

2) 하이라이트 기능 알아보기 2

오른쪽 상단의 찾아보기 혹은 앱의 나침반 모양 버튼을 누르면 하이라이트 기능 중 EXPERIMENTS(실험)를 발견할 수 있습니다.

[그림 1-8-8] EXPERIMENTS

아트앤컬처의 EXPERIMENTS는 예술과 인공지능(AI)을 활용한 기술을 더해 시도한 다양한 실험 콘텐츠들을 체험해 볼 수 있는 기능입니다.

음악의 역사와 문화에 인공지능의 머신러닝 기술을 결합하여 미술의 다양한 색을 음악으로 듣거나, 음악을 활용하여 그림을 그리는 등의 실험이 있습니다. 또 세계 문화 장소를 탐험하거나, 문화예술을 게임을 통해 접할 수 있는 다양한 실험 콘텐츠들이 있고, 앱에서는 카메라를 활용하여 좀 더 다양한 경험을 할 수 있습니다. 원하는 실험 콘텐츠를 찾아 '실험 실행'을 눌러 체험할 수 있습니다. 그중 간단하게 체험할 수 있는 몇 가지를 소개합니다.

Puzzle Party

친구 및 가족과 함께 예술을 소재로 한 조각 그림 퍼즐을
맞춰보세요.

실험 실행

[그림 1-8-9] 퍼즐 파티(Puzzle Party)

퍼즐 파티(Puzzle Party)는 사용자가 수백 개의 예술 작품 중 하나를 선택하여 조각 그림 퍼즐을
맞추는 실험 콘텐츠입니다. 조각으로 나눠진 그림 퍼즐을 맞추며 예술 작품을 전체적으로나 부분
적으로 감상할 수 있고, 사용자가 예술 작품에 관심과 흥미를 갖고 더욱 친숙하게 다가갈 수 있게
해줍니다.

[그림 1-8-10] 퍼즐 파티 앤디 워홀 Grace Kelly

[그림 1-8-11] 아트 컬러링 북(Art Coloring Book)

아트 컬러링 북(Art Coloring Book)은 유명한 예술 작품이나 문화적인 장소를 내가 원하는 색으로 채울 수 있는 실험 콘텐츠입니다. 예술 작품을 내가 원하는 색으로 채우는 과정에서 예술 작품을 자세히 관찰할 수 있고 내가 새롭게 칠한 작품과 비교하며 색상에 따라 달라지는 느낌을 발견할 수 있습니다.

[그림 1-8-12] 아트 컬러링 북 프리다 칼로(원본)

[그림 1-8-13] 아트 컬러링 북 프리다 칼로(수정)

03. 구글 아트앤컬처 앱(APP) 기능 알아보기

1) 앱(App) 기능 사용 방법

[그림 1-8-14] 앱 홈 화면

구글 아트앤컬처를 앱으로 실행하면 화면 아래에 렌즈 모양의 카메라 그림이 있습니다. 카메라 그림을 누르면 아트 앤 컬처의 카메라를 활용한 기능들을 사용할 수 있습니다. 기능들에는 아트 트랜스퍼(Art Transfer), 아트 셀피(Art Selfie), 컬러 팔레트(Color Palette), 포켓 갤러리(Pocket Gallery) 등이 있습니다.

2) 앱(App) 기능 알아보기

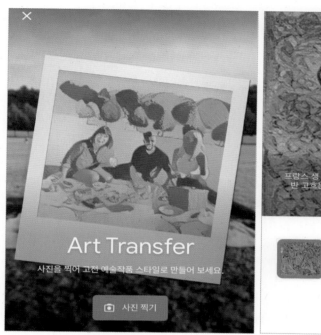

[그림 1-8-15] 아트 트랜스퍼(Art Transfer)

아트 트랜스퍼(Art Transfer)는 바로 찍은 사진이나 기존에 가지고 있는 사진을 고전 예술 작품 스타일로 만들 수 있습니다. 앱으로 사진을 찍거나 원하는 사진을 고르면 예술 작품 스타일을 선택하는 화면이 나옵니다. 각각의 예술 작품 스타일에 대한 설명을 확인할 수 있고, '…'을 누르거나 '스타일 모음 더 보기'를 누르면 더욱 다양한 아트 트랜스퍼 스타일을 선택할 수 있습니다.

상단의 GIF를 누르면 원본 사진에서 스타일의 변화를 줄 수 있고, 가위 버튼을 눌러 사진에서 선택한 영역만 스타일을 적용할 수 있습니다. 또한, 아래의 '공유' 버튼을 눌러 사진을 저장하거나 공유할 수도 있습니다.

[그림 1-8-16] 아트 셀피(Art Selfie)

아트 셀피(Art Selfie)는 나와 닮은 초상화를 찾을 수 있는 기능입니다. 사각형 영역에 맞게 셀카를 찍으면 나와 닮은 예술 작품 속 인물을 찾아주며 작품에 대한 설명도 함께 볼 수 있습니다.

[그림 1-8-17] 아트 셀피 예시

작품 보기를 눌러 '증강 현실로 보기'를 선택하면 내가 있는 실제 공간 속에 증강 현실로 작품을 배치할 수 있습니다. 배치 후에는 그 모습을 사진으로 찍거나 동영상으로 저장할 수 있습니다. 일부 작품은 '스트리트 뷰로 보기'를 선택할 수도 있습니다.

[그림 1-8-18] 아트 셀피 증강 현실

[그림 1-8-19] 아트 셀피 스트리트 뷰

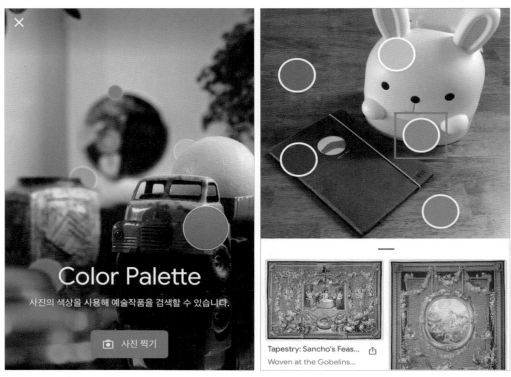

[그림 1-8-20] 컬러 팔레트(Color Palette)

   컬러 팔레트(Color Palette)는 내가 가진 사진의 색상을 선택하여 그 색이 들어간 예술 작품을 찾아 감상할 수 있습니다. 사진 속에 나타나는 색상 원을 드래그하여 내가 원하는 색상을 선택할 수 있습니다. 내가 선택한 색상이 들어간 예술 작품들을 감상하며 색에 대한 지식을 넓히고, 색감을 기르며, 다양한 색에 대하여 생각해볼 수 있습니다. 전과 마찬가지로 '작품 보기'를 누르면 작품에 대한 설명도 볼 수 있습니다. 또한, 증강 현실이나 스트리트 뷰로 볼 수 있는 작품들도 있습니다.

이 외에 예술 작품을 증강 현실을 통해 실제 크기로 감상하는 아트 프로젝터(Art Projector), 내 사진에 문화예술 작품 필터를 입혀 나타낼 수 있는 아트 필터(Art Filter), 갤러리를 증강 현실로 내 공간에 설치하여 작품을 감상할 수 있는 포켓 갤러리(Pocket Gallery) 등의 기능도 사용할 수 있습니다.

[그림 1-8-21] 아트 프로젝터

[그림 1-8-22] 아트 필터

[그림 1-8-23] 포켓 갤러리1

[그림 1-8-24] 포켓 갤러리2

9. 코스페이시스(Cospaces)

들어가며

언택트(Untact) 시대. COVID-19 발생 이후 한 번쯤 들어봤을 단어입니다. 과거 인류의 활동이 오프라인 공간에서 이루어졌다면, 오늘날은 활동 영역이 점차 가상공간으로 확장되고 있습니다. 이러한 가상공간을 메타버스(Meatverse) 공간이라고 합니다. 미술관, 박물관의 다양한 볼거리가 온라인에서 제공되고, 유명 가수의 콘서트, 팬 미팅 등이 메타버스 플랫폼에서 개최되었다는 소식도 접할 수 있습니다. 메타버스 공간을 제작하는 툴 코스페이시스(Cospaces)를 소개합니다.

코스페이시스(Cospaces)

01. 코스페이시스란?

1) 코스페이시스(Cospaces)란?

코스페이시스는 메타버스 공간에 교육용 학습자료를 만들어 AR과 VR 형태로 체험할 수 있도록 도와주는 툴입니다. 컴퓨터, 스마트 디바이스를 이용하여 제작과 감상을 할 수 있고, VR로 만든 콘텐츠를 360도 화면을 이용해 직접 체험해 볼 수도 있습니다. 가상 전시회, 미래 도시 만들기 등 다양한 영역에 활용되고 있으며, 초보자도 다양한 콘텐츠 제작을 할 수 있다는 장점이 있습니다.

[그림 1-9-1] 코스페이시스 홈페이지(https://cospaces.io/edu)

2) 코스페이시스(Cospaces) 접속하기

코스페이시스는 컴퓨터와 스마트 기기에서 사용할 수 있습니다. 컴퓨터의 경우는 코스페이시스 홈페이지에 접속하면 바로 이용할 수 있고, 스마트 기기의 경우는 코스페이시스 애플리케이션을 설치 후 이용하면 원활하게 이용할 수 있습니다.

[그림 1-9-2] 로그인 화면

코스페이시스에 가상공간을 구성하기 위해서는 회원가입을 해야 합니다. 회원가입 시 선생님 계정과 학생 계정으로 가입할 수 있습니다. 수업에 활용하기 위한 계정을 만들 때, 선생님용 계정을 먼저 만들고 필요한 만큼 학생용 계정을 추가로 만듭니다.

02. 코스페이시스(Cospaces) 시작하기

1) 내 코스페이스 생성하기

[그림 1-9-3]의 ①의 내 코스페이스를 선택한 후, ②의 코스페이스 만들기를 선택합니다.

[그림 1-9-3] 내 코스페이시스 화면

[그림 1-9-4]의 장면 선택에서 3D 환경, 360° 이미지, 멀지 큐브를 선택할 수 있습니다.

① 3D 환경을 선택하면 가상의 3차원 공간이 생성되며 PRO 버전(유료) 이용 시 기본적으로 구성된 환경이 제공됩니다.

② 360° 이미지의 경우 구(毬) 형태의 공간이 생성됩니다.

③ 멀지 큐브를 선택하면 프린트된 멀지 큐브를 인식하여 AR 콘텐츠를 제작할 수 있습니다.

[그림 1-9-4] 장면 선택화면

2) 내 코스페이스 관리하기

코스페이스 우측 하단을 선택하면 코스페이스를 관리할 수 있는 메뉴가 나타납니다. 이름을 바꾸거나 복사, 이동, 삭제할 수 있습니다.

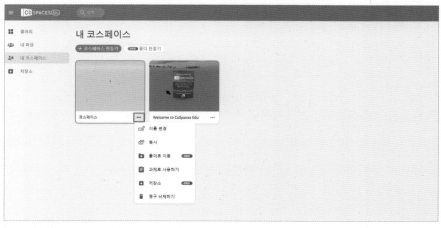

[그림 1-9-5] 코스페이스 관리 화면

3) 내 코스페이스 공유하기

내 코스페이스 제작이 완료되면 공유를 통해 다른 사람들이 접속할 수 있습니다.

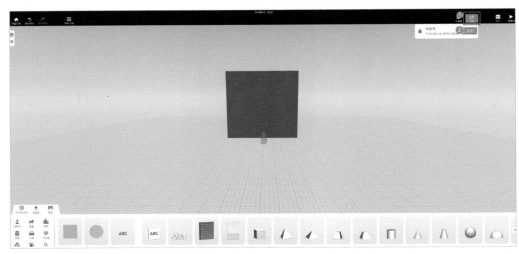

[그림 1-9-6] 내 코스페이스 공유하기

① 공유를 선택하면 코스페이스 공유 정보를 확인할 수 있습니다.

② 공유를 선택하면 비공개 공유와 공개 공유를 선택할 수 있습니다. 수업 활용을 위해 비공개 공유를 선택합니다.

공유가 완료되면 내 코스페이스의 제목과 함께 QR코드와 공유 코드, 공유 링크, 임베디드 코드가 생성됩니다. 생성된 코드를 통해 내 코스페이스에 접속하면 콘텐츠 체험이 가능합니다. [그림 1-9-8]의 코드는 2021년에 중학교 1학년 학생들과 과학 진로 프로젝트 수업을 진행했던 코스페이스 링크입니다.

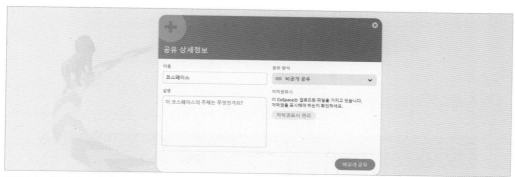

[그림 1-9-7] 공유 형태 선택

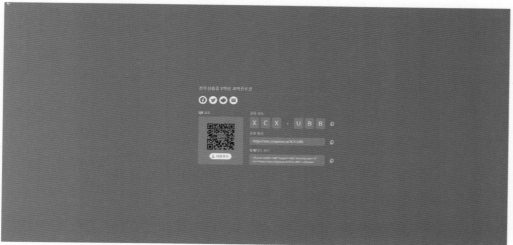

[그림 1-9-8] 공유 코드

Tip 공유가 완료되면 공유 메뉴를 통해 업데이트할 수 있고, 상세정보 설정을 통해 공유 방식과 설명, 복제 가능 여부를 선택할 수 있습니다.

03. 코스페이시스(Cospaces) 제작하기

1) 코스페이스 제작 화면 이동하기

[그림 1-9-9] 조작 방법

① 휠로 줌인(Zoom in), 줌아웃(Zoom out) 조작이 가능합니다.

② 마우스 왼쪽 버튼을 누르고 움직이면 화면의 회전이 가능합니다.

③ 마우스 오른쪽 버튼을 누르고 움직이면 영역 선택이 가능합니다.

④ 키보드 방향키를 이용해 ②와 같이 화면의 회전이 가능합니다.

⑤ 키보드 V 키를 누르면 선택된 객체 쪽으로 이동합니다.

⑥ 키보드 스페이스 바와 마우스 왼쪽 버튼을 동시에 누르고 움직이면 화면의 이동이 가능합니다.

2) 배경, 음악 선택하기

[그림 1-9-10] 배경, 음악 선택하기

코스페이스 배경 탭에서 희망하는 배경을 선택할 수 있으며 바닥 이미지와 음악 선택이 가능합니다. 제작자가 업로드한 파일도 이용할 수 있습니다.

3) 객체 배치하기

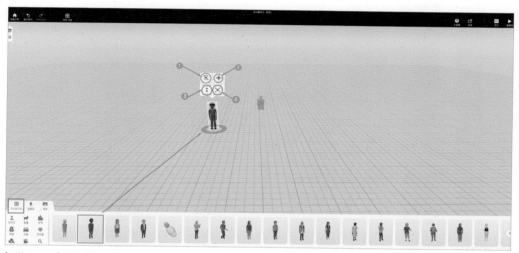

[그림 1-9-11] 객체 배치하기

라이브러리를 선택한 후 여러 객체를 가져올 수 있습니다. 드래그하여 객체를 위치시킨 후, ① 회전모드, ② 이동모드, ③ 높낮이 조절, ④ 크기 조절의 메뉴 버튼, 네 개로 조절할 수 있습니다.

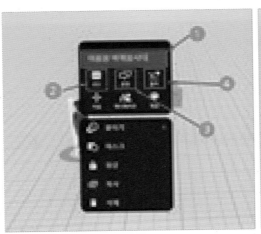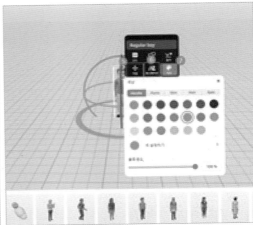

[그림 1-9-12] 객체 메뉴

객체를 더블클릭하면 객체 메뉴가 나타납니다.

① 영역에서 객체의 이름을 바꿀 수 있습니다. 객체를 코블록스에서 사용하도록 설정하면 코딩을 통해 다양한 활동의 설정이 가능하므로 적절한 이름으로 변경하는 것이 좋습니다.

② 코드에서 코블록스 사용 여부를 설정할 수 있습니다. 활성화 시 코딩이 가능한 객체로 등록됩니다.

③ 문장에서 생각 풍선과 말풍선을 활성화할 수 있습니다.

④ 물리에서 물리 엔진을 활성화할 수 있으며 질량, 마찰, 탄성을 부여하여 사물에 물리법칙을 적용할 수 있습니다.

⑤ 이동에서 객체의 x, y, z 좌표를 입력하여 해당 지점으로 이동, 회전각, 크기를 변경할 수 있습니다.

⑥ 애니메이션에서 객체의 모션을 변경할 수 있습니다.

⑦ 재질에서 객체의 의상, 머리카락 색, 피부색 등 변경이 가능하며, 질감 및 색상 변경도 가능합

니다.

4) 객체 복사하기 & 붙이기

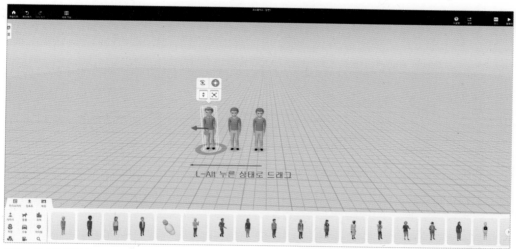

[그림 1-9-13] 객체 복사

객체를 선택한 후 키보드의 좌측에 있는 Alt 키를 누르고 객체를 드래그하면 객체를 복사하여 배치할 수 있습니다.

객체를 더블클릭하여 붙이기를 선택합니다. 그럼 선택된 객체를 다른 객체에 붙일 수 있는 포인트가 나타나는데, 원하는 포인트를 선택하면 [그림 1-9-14]와 같이 객체 위에 선택된 객체가 붙는 것을 볼 수 있습니다. 붙이기를 활용하면 여러 객체를 깔끔하게 배열할 수 있으며 다양하게 응용하여 원하는 형태의 객체를 만들 수 있습니다.

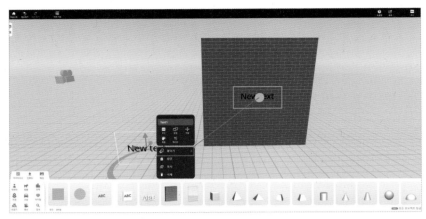

[그림 1-9-14] 객체 붙이기

보통 만들어진 객체를 가져와서 공간을 만들지만 라이브러리의 만들기에서 여러 객체를 조합하여 새로운 객체를 만드는 것도 가능합니다.

[그림 1-9-15]는 Cuboid와 Pyramid를 조합하여 제작한 시계탑입니다. 시계탑 형태를 만들고 circle을 붙여 시계를 표현합니다.

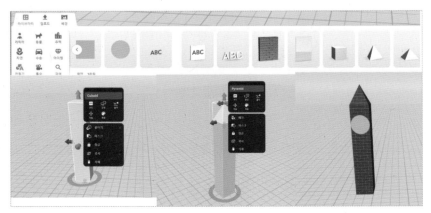

[그림 1-9-15] 시계탑 만들기

04. 코블록스 활용하기

1) 코블록스

객체를 추가하고 말풍선을 달거나 코딩을 이용하면 다양한 콘텐츠 제작이 가능합니다. 상상할 수 있는 모든 것을 만들 수 있으므로 어떻게 만들어야 할지보다 만들고 싶은 것이 무엇인지를 정확하게 아는 것이 더 어려운 일입니다. 상상한 내용을 다양한 방법으로 표현하기 위해 코블록스를 활용합니다.

2) 코블록스 시작하기

코블록스는 코스페이스에서 사용하는 코딩 언어입니다. 엔트리, 스크래치 코딩과 사용 방법이 비슷하여 누구나 쉽게 이용할 수 있다는 장점이 있습니다.

[그림 1-9-16] 코블록스 시작하기

① 코드를 선택하면 코블록스에서 해당 객체의 사용 여부를 선택할 수 있습니다.

② 영역을 활성화합니다.

우측 상단의 ③ 코드를 선택하면 내 코스페이스를 코딩할 수 있는 언어들이 나타납니다. 코블록스 외에도 스크립트를 직접 타이핑하거나 파이썬을 이용할 수 있습니다.

코블록스를 사용하기 위해 ④ 코블록스를 선택합니다.

3) 퀴즈 창 만들기

[그림 1-9-17] 코블록스 말하기

① 형태 메뉴를 선택합니다.

② 객체가 말하게 하는 코딩을 선택합니다.

코블록스 보이가 말할 내용을 ③ 영역에 입력합니다.

④ 플레이합니다. 코블록스 보이가 "안녕! 같이 퀴즈를 만들어보자"라고 말하고 있습니다. 이

외에도 애니메이션을 넣어 움직이게 하거나, 소리 재생, 반복 설정도 할 수 있습니다.

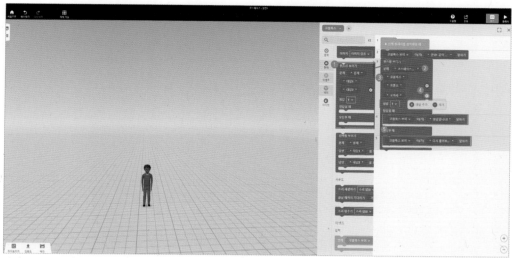

[그림 1-9-18] 퀴즈 블록

① 퀴즈 창 보이기 블록을 드래그합니다.

② 퀴즈를 입력해 줍니다.

③ 정답을 입력해 줍니다.

④ 영역을 클릭하여 대답 추가 혹은 제거를 선택합니다.

⑤ 정답일 때, 오답일 때 행동을 입력합니다.

[그림 1-9-19] 퀴즈 블록

플레이하면 입력한 퀴즈가 나오는 것을 확인할 수 있습니다. ① 정답을 선택하고 ② 다음으로 진행하면 코블록스 보이가 "정답입니다!"라고 말하는 것을 들을 수 있습니다.

4) 설명이 보이는 전시 액자 만들기

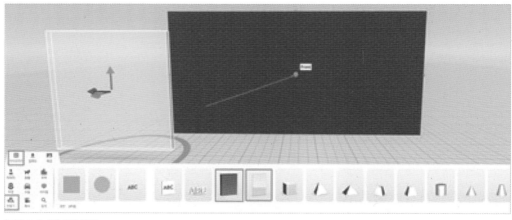

[그림 1-9-20] 액자 제작

① 라이브러리의 만들기를 선택합니다.

② Brick wall을 배치합니다.

③ glass wall을 Brick wall에 붙여줍니다.

④ 회전메뉴와 이동메뉴를 이용해 깔끔하게 수정합니다.

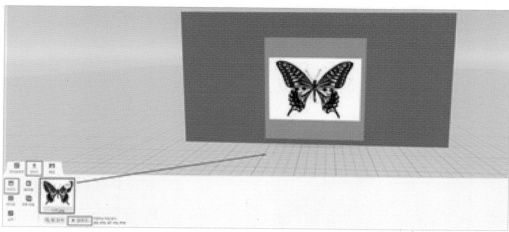

[그림 1-9-21] 이미지 업로드

⑤ 업로드를 선택하고 업로드할 파일의 형태를 선택합니다.

⑥ 이미지 선택 후 업로드할 파일을 선택합니다.

⑦ 파일 업로드가 완료되면 드래그하여 객체로 배치한 후 Glass wall에 붙입니다.

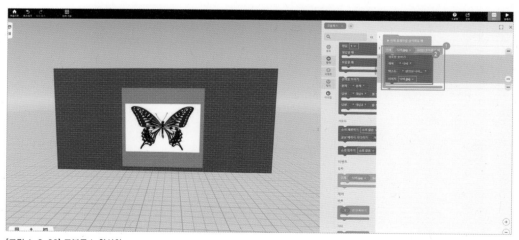

[그림 1-9-22] 코블록스 활성화

⑧ 나비 이미지를 코블록스에서 사용할 수 있도록 활성화합니다.

⑨ 이벤트 메뉴에서 나비를 클릭했을 때 조건을 선택합니다.

⑩ 형태 메뉴에서 정보 창 보이기를 ① 블록 안에 넣어줍니다.

⑪ ② 정보창의 제목과 텍스트, 이미지를 변경합니다.

[그림 1-9-23] 액자 플레이 화면

플레이 화면에서 나비 액자를 클릭하면 입력한 나비에 대한 정보가 나오는 것을 확인할 수 있습니다. 이 외에도 코딩을 활용하여 제작자가 생각하는 다양한 형태의 콘텐츠 제작 및 전시를 할 수 있습니다.

5) 사자와 토끼의 추격전

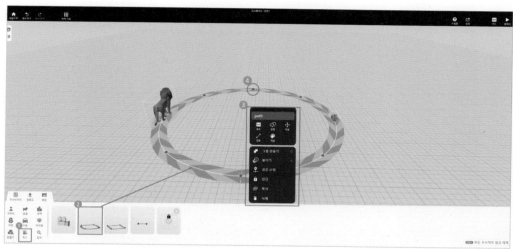

[그림 1-9-24] 경로 및 객체 배치하기

① 특수 영역 ①을 선택합니다.

② 경로②를 선택해 화면에 배치합니다.

③ 경로 객체 ③의 이름을 바꿔줍니다.

④ 경로상의 ④ 점을 이동해 경로 모양을 바꾸거나 객체를 경로에 붙여 경로를 따라 움직이게 할
수 있습니다.

⑤ 경로에 토끼와 사자를 붙입니다.

⑥ 코딩하기 위해 객체들을 코블록스에 활성화합니다.

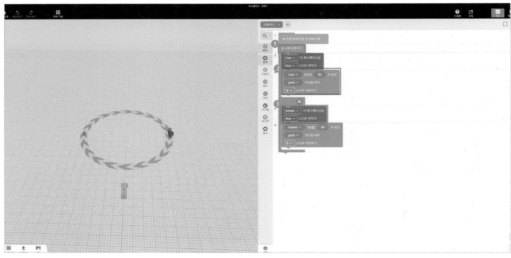

[그림 1-9-25] 경로 코딩하기

① 제어 영역의 ① 동시에 실행하기를 선택합니다.

② 동작에서 객체가 경로를 따라 이동할 수 있도록 ② 객체와 경로, 시간을 지정합니다.

③ 객체의 ③ 애니메이션을 변경합니다. 자연스러운 모습을 위해 달리기를 선택합니다.

④ 플레이를 누르면 사자와 토끼가 경로를 따라 움직이는 것을 볼 수 있습니다.

> Tip 객체의 애니메이션을 변경해 주지 않으면 가만히 서서 경로를 따라 움직이는 부자연스러운 모습
> 이 됩니다. 반복 횟수나 기타 조건들을 추가하여 제작자가 원하는 형태로 표현할 수 있습니다.

6) 카메라 설정 바꾸기

코스페이스 제작 완료 후 플레이하면 키보드를 조작하여 메인 카메라를 움직일 수 있습니다. 카메라를 경로에 붙이거나 코블록스에서 활용하면 다양한 콘텐츠 제작이 가능합니다.

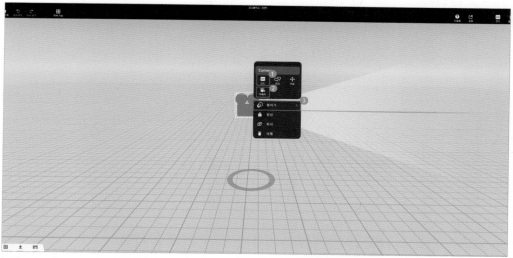

[그림 1-9-26] 카메라 설정

① 코드를 이용하면 카메라를 코블록스에서 활용할 수 있습니다. 여러 대의 카메라를 배치하고, 상황에 따라 카메라를 변경하도록 코딩할 수 있고, 카메라의 위치, 속도 등을 변경할 수 있습니다.

② 카메라 메뉴를 선택하면 고정 위치, 걸음, 비행, 선회의 선택이 가능하고 카메라의 기본 이동 속도를 설정할 수 있습니다. 비행을 선택하면 키보드로 카메라의 높낮이를 조절할 수 있습니다.

③ 붙이기를 활용하여 경로를 따라 움직이는 객체로 주위를 관찰할 수 있습니다. 버스 안에서 사파리를 구경하거나 비행기에서 주위 풍경을 바라보는 것이 그 예가 되겠습니다.

1) 멀지 큐브란?

증강현실(AR)을 실행시키는 방법에는 마커 없이 실행시키는 방법과 마커를 스캔해서 실행하는 방법이 있습니다. 멀지 큐브는 하나의 마커로 다양한 증강현실 콘텐츠를 실행할 수 있으며, 정육면체 모양의 마커를 이용해 입체적이고 실감 나는 증강현실 표현이 가능합니다.

[그림 1-9-27] 멀지 큐브 도안

2) 멀지 큐브 만들기

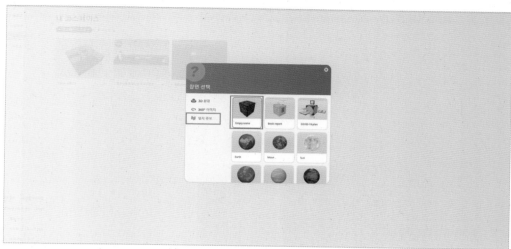

[그림 1-9-28] 멀지 큐브 선택화면

① 내 코스페이스 메뉴에서 코스페이스 만들기를 선택한 후 멀지 큐브를 선택합니다.

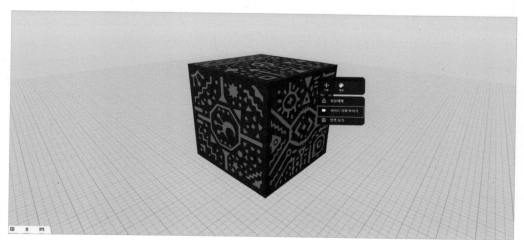

[그림 1-9-29] 사이드 라벨 보이기

② 멀지 큐브를 선택하여 사이드 라벨 보이기를 선택합니다.

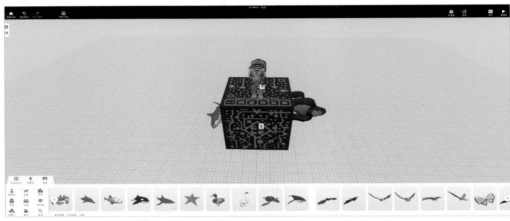

[그림 1-9-30] 멀지 큐브 만들기

③ 멀지 큐브 위쪽에 호랑이, 왼쪽에 고릴라, 오른쪽에 상어를 붙입니다. 각 면을 볼 때 다른 면의 동물은 숨기도록 코딩합니다.

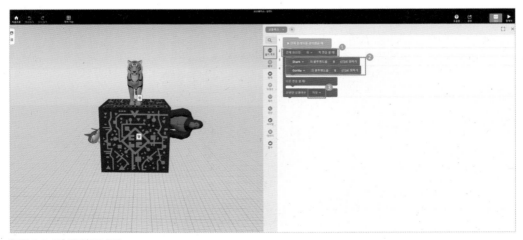

[그림 1-9-31] 멀지 큐브 코딩

④ 호랑이, 고릴라, 상어를 코블록스에 활성화합니다.

⑤ 멀지 큐브 메뉴를 선택합니다.

⑥ 큐브①의 해당 면을 볼 때 조건을 선택합니다.

⑦ 호랑이를 위쪽 면에 붙였으므로 위를 볼 때로 선택합니다.

⑧ 고릴라②와 상어의 불투명도를 0으로 만들어 투명한 상태로 만들어 줍니다.

⑨ ③ 한 번만 실행 여부를 '거짓'을 선택합니다.

> Tip 한 번만 실행 여부를 '참'으로 하면 1회만 작동하고 그 후에는 작동하지 않게 됩니다.

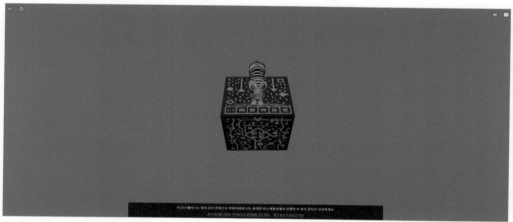

[그림 1-9-32] 플레이 화면

멀지 큐브를 플레이해서 화면을 큐브의 위쪽으로 돌리면 고릴라와 상어가 사라지는 것을 볼 수 있습니다. 스마트폰에서 멀지 큐브를 이용하기 위해 공유하기를 눌러 QR코드를 생성합니다.

3) 멀지 큐브 이용하기

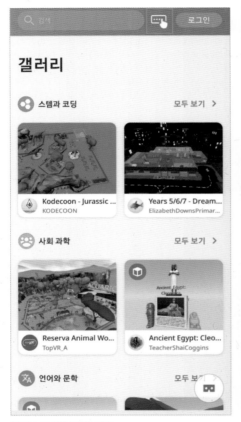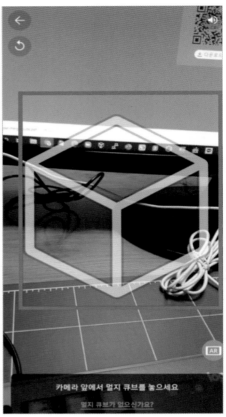

[그림 1-9-33] 플레이 화면

 멀지 큐브는 증강현실(AR) 기반의 콘텐츠이므로 스마트 기기를 활용하도록 합니다. 코스페이시스 에듀 앱 상단의 코스페이스 보기를 선택하여 QR코드 스캔이나 공유 코드를 통해 내가 만든 멀지 큐브 콘텐츠를 이용할 수 있습니다. 멀지 큐브에 접속하여 화면 중앙에 멀지 큐브를 위치시키면 콘텐츠를 증강현실(AR) 형태로 체험할 수 있습니다.

memo

10. Halo AR

들어가며

AR(증강현실)은 실제 세계에 가상의 데이터를 겹쳐 보여주는 기술을 말합니다. 카메라로 물체를 인식하면 물체 위에 가상의 이미지나 소리, 영상이 나타나며 생동감 있는 정보 전달이 가능합니다. 실감나고 역동적인 정보 전달이 가능해 AR은 교육 및 게임 분야에서 많은 주목을 받고 있습니다.

한정된 분량 안에 많은 내용을 채워 넣어야 하는 보고서 제작 활동은 학생과 교사 누구에게나 부담스러운 수업입니다. 글과 그림으로만 이루어진 보고서 특성상 학급에 게시하면 얼마 못 가 모두의 기억 속에서 잊히게 됩니다. 만약 보고서가 살아 움직이게 된다면 어떨까 상상해봅니다. '해리포터' 영화 속 움직이는 포스터와 신문처럼 말이죠. AR 기술을 활용하면 글과 그림을 넘어 영상, 소리까지 담긴 실감 나는 보고서를 제작할 수 있습니다.

보고서 제작을 위해 Halo AR 앱의 사용 방법을 이해하고 익혀보도록 하겠습니다. 나아가 Halo AR을 활용하여 교실 속 평면도형 찾기, 학급 게시판 꾸미기, 방탈출 게임과 같은 다양한 활동으로 응용하여 적용해 보겠습니다.

Halo AR

01. AR 이해하기

1) AR의 의미

　AR(Augmented Reality, 증강현실)은 실제 공간 안에 존재하는 대상에게 가상의 대상을 덧대어 마치 현실에 두 대상이 모두 존재하는 것처럼 보여주는 기술이나 환경을 의미합니다. 대표적인 사례로 우리가 잘 아는 게임 '포켓몬 고'를 떠올려보면 이해하기가 쉽습니다.

[그림 1-10-1] '포켓몬 고' 게임 장면

　AR과 혼동하기 쉬운 개념으로 VR과 MR이 있습니다. VR(Virtual Reality, 가상현실)은 컴퓨터로 구현해낸 100%로의 가상 세계로 몰입감을 극대화할 수 있는 게임이나 영화에서 많이 활용되고 있습니다. MR(Mixed Reality, 혼합현실)은 VR과 AR을 합친 기술로 사용자의 환경에 가상현실이나 증강현실을 혼합하여 보여준다는 특징이 있습니다.

02. Halo AR 준비하기

1) Halo AR 설치

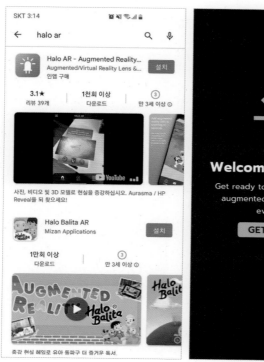

[그림 1-10-2] Halo AR app 설치

[그림 1-10-3] Halo AR 첫 시작 화면

Halo AR은 앱 다운로드를 통해서만 이용할 수 있는 프로그램입니다. 앱 사용을 위해 App Store나 Play Store에서 'Halo AR'로 검색하여 다운로드 후 설치합니다. 처음 실행 시, 'GET STARTED' 버튼을 누른 다음 Halo AR에서 '사진을 촬영하고 동영상을 녹화하도록 허용하시겠습니까?'라는 팝업이 뜨면 허용을 눌러줍니다.

2) 아이디 생성

[그림 1-10-4] 아이디 만들기

[그림 1-10-5] Halo AR 메인화면

계정을 생성하지 않아도 이미 만들어진 AR을 체험할 수 있습니다. 만약 선생님 또는 학생이 제작한 AR 프로그램을 체험만 하는 경우, 맨 하단의 'Skip' 버튼을 누른 뒤 메인화면으로 넘어

갑니다.

AR 프로그램을 제작하기 위해서는 계정이 필요합니다. 구글 아이디가 없는 학생의 경우 이름 (User), 구분(Role), 이메일(Email), 비밀번호(Password)를 입력한 뒤 'SIGN UP' 버튼을 누르면 메인화면으로 이동합니다. 구글 계정이 있으면 맨 위의 sign up with Google 버튼을 눌러 이름 (User), 구분(Role)을 입력한 뒤 가입을 진행합니다.

03. AR 프로그램 제작하기

1) AR 프로그램 제작

[그림 1-10-6] AR 프로그램 제작 버튼

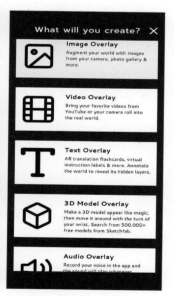

[그림 1-10-7] 생성할 정보 선택

메인화면의 아래 카메라 아이콘(SCAN)을 누른 뒤, 생성하고 싶은 정보의 유형을 선택합니다. 이때 생성하고 싶은 정보는 물체에 카메라를 인식했을 때 뜨게 되는 가상의 정보를 의미합니다. '포켓몬 고' 게임에 비유한다면 포켓몬스터 캐릭터가 생성하고 싶은 정보가 됩니다. 해당 앱에서는 이것을 오버레이(OVERLAY)라고 부릅니다. 오버레이의 유형에는 이미지, 비디오, 텍스트, 3D 모델, 오디오가 있습니다. 오버레이는 파일 형식뿐만 아니라 URL 형태의 링크를 연결할 수도 있습니다.

[그림 1-10-8] 인식할 대상 촬영하기

[그림 1-10-9] 사진 배경 지우기

인식할 대상이란 정보를 띄울 장소나 물체를 의미합니다. 또 '포켓몬 고' 게임에 비유한다면 전

봇대, 잔디, 계단과 같이 캐릭터가 뜨게 되는 특정 지점이 됩니다. 해당 앱에서는 이것을 트리거(TRIGGER)라고 부릅니다. 주변에서 인식할 대상을 고른 뒤 가운데 버튼을 눌러 촬영을 합니다. 미리 촬영한 사진이 있다면 'Upload'를 눌러 사진을 불러옵니다. 그다음 대상 외에 필요 없는 부분을 잘라낸 뒤 'Crop'을 눌러 다음 단계로 이동합니다.

인식할 대상은 평면의 사각형 형태의 이미지가 가장 적합합니다. 만약 입체감이 살아있는 대상 (공, 원뿔, 상자)을 촬영할 경우, 위에서 아래를 바라보는 모습으로 최대한 평면에 가깝게 촬영하도록 합니다.

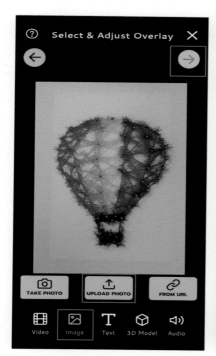

[그림 1-10-10] 오버레이 선택하기

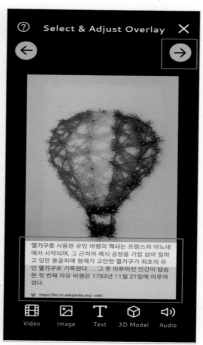

[그림 1-10-11] 오버레이 위치 조정하기

사진 위에 겹쳐지게 할 정보(오버레이)를 업로드합니다. 이미지를 업로드하기 위해 'image'를 누르고 'UPLOAD PHOTO'를 누른 뒤 갤러리에서 이미지를 선택합니다. 이미지가 미리 준비되어 있지 않다면 'TAKE PHOTO'를 눌러 촬영할 수 있습니다. 또한, URL 링크를 연결하여 이미지를 띄우고 싶다면 'FROM URL'을 선택하여 링크 주소를 입력합니다.

갤러리에서 선택된 이미지가 불러오게 되면 정보(오버레이)를 띄울 위치를 조정해줍니다. 이미지를 드래그하여 원하는 위치로 정보(오버레이)를 이동시킵니다. 이미지를 두 손가락으로 축소, 확대하여 크기를 조정할 수도 있습니다.

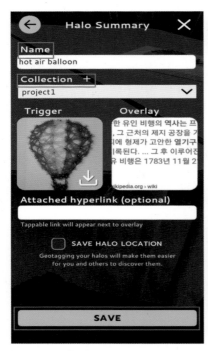

[그림 1-10-12] 프로그램 생성하기

[그림 1-10-13] 컬렉션 생성하기

만들어진 AR 프로그램의 이름(Name)을 입력하고 저장 위치(Collection)를 지정해줍니다. 새로운 저장 위치를 만들고 싶다면 'Collection +'를 누른 뒤 생성합니다. 이때 모든 사람에게 검색되도록 허용할 경우 'PUBLIC'을 눌러줍니다. 만약 내가 지정한 사람에게만 검색을 허용할 때는 'UNLISTED'를, 오직 나 혼자만 볼 수 있도록 설정할 때는 'PRIVATE'를 누릅니다. 마지막으로 'Done'을 눌러 설정을 완료합니다.

이름과 저장 위치가 모두 정해졌다면 'SAVE'를 눌러 프로그램을 저장해줍니다.

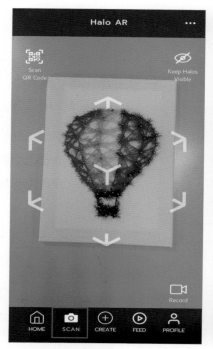

[그림 1-10-14] 트리거 스캔하기

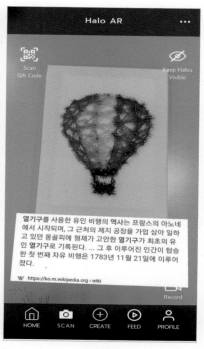

[그림 1-10-15] 오버레이 확인하기

마지막으로 AR 프로그램이 실제로 잘 작동하는지 테스트해봅니다. 아래 'SCAN' 버튼을 눌러 스캔 모드로 전환합니다. 육각형 모양의 스캔 아이콘이 움직인다면 카메라가 대상을 스캔하고 있다는 의미입니다.

몇 초 뒤, 오버레이가 나타나는지 확인합니다. 내가 지정한 위치에 적당한 크기로 나타나는지, 동영상의 경우 끊김 없이 잘 재생되는지, URL 링크의 경우 올바른 사이트로 연결되는지 체크합니다.

만약 스캔을 계속해도 정보가 뜨지 않는다면 앱을 종료한 뒤 다시 실행하여 스캔해봅니다. 다시 스캔해도 정보가 뜨지 않는다면 인식할 대상(트리거)을 선명하게 다시 촬영하여 수정합니다.

2) AR 프로그램 수정 및 추가

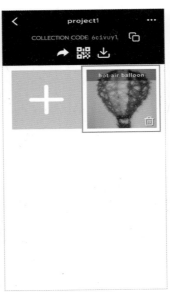

[그림 1-10-16] AR 프로그램 수정하기

AR 프로그램 실행에 오류가 있거나 프로그램 정보를 수정하고 싶은 경우, AR 프로그램을 편집해야 합니다. 아래 'PROFILE' 버튼을 누른 뒤, 기존에 생성했던 프로그램을 선택합니다. 그다음 수정하고 싶은 개체를 선택합니다. 이때 해당 개체를 삭제하고 싶다면 휴지통 아이콘을 누릅니다. 연필 모양의 아이콘을 누르면 인식할 대상(트리거) 또는 뜨는 정보(오버레이)를 변경할 수 있습니다.

기존 AR 프로그램에 인식 대상을 추가하여 카메라를 비췄을 때 다양한 정보를 띄울 수 있습니다. 아래 'PROFILE' 버튼을 누른 뒤, 해당 프로그램에 만들어진 이미지 옆 '+' 박스(화살표 표시)를 선택합니다. 앞 단계와 마찬가지로 인식 대상을 촬영하고 띄울 정보를 선택하여 연결해주면 인식 대상이 프로그램에 추가로 저장됩니다.

04. AR 프로그램 공유하기

1) AR 프로그램 공유

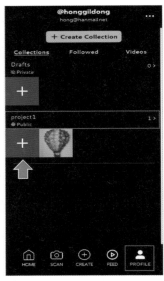 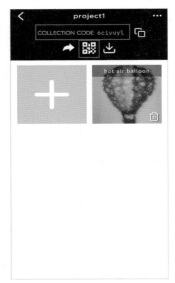 

[그림 1-10-17] AR 프로그램 공유하기

내가 만든 AR 프로그램을 다른 사람과 공유하고 싶다면 프로그램의 코드 또는 QR코드를 알아야 합니다. 아래 'PROFILE'을 누르고 공유하고 싶은 프로그램을 선택합니다. 해당 프로그램 맨위에 'COLLECTION CODE'가 표시되어 있습니다. 이 코드를 다른 사람의 스마트폰에서 실행시킨 앱 메인화면에 검색하면 내가 만든 AR 프로그램을 찾을 수 있습니다.

만약 코드가 길어 불편하다면 QR 아이콘을 눌러 QR 이미지를 내 스마트폰에 띄웁니다. 다른 사람은 자신의 앱에서 'SCAN' 버튼을 누른 뒤 'Scan QR Code'를 선택하여 내 스마트폰의 QR 이미지를 스캔합니다.

2) AR 프로그램 체험

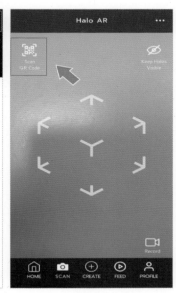

[그림 1-10-18] AR 프로그램 체험하기

다른 사람의 코드나 QR을 알고 있다면 다른 사람이 만든 프로그램을 체험할 수 있습니다. 메인 화면의 검색창에 체험하고 싶은 프로그램의 코드를 검색합니다. 해당 프로그램을 누르면 오른쪽 상단의 사람 아이콘을 눌러 해당 프로그램을 팔로우합니다.

만약, 코드 대신 QR 이미지를 스캔하여 프로그램을 찾고 싶다면 내 스마트폰 앱에서 'SCAN' 버튼을 누릅니다. 왼쪽 상단의 'Scan QR Code'를 누른 뒤 다른 사람의 QR을 인식하면 해당 프로그램을 찾아 팔로우할 수 있습니다.

체험하고 싶은 프로그램의 인식 대상(트리거)이 내 주변에 없다면 인식 대상(트리거)을 다운로드하여 이미지를 종이에 출력합니다. 출력한 이미지를 스캔하면 AR 프로그램을 체험할 수 있습니다.

11. 엔트리(인공지능 블록)

들어가며

4차 산업혁명에 발맞추어 코딩교육이 의무화되었습니다. 하지만 코딩에 익숙하지 않은 학생들이 바로 텍스트 코딩(파이썬, 자바, C 언어 등)을 학습하여 적용하기란 쉽지 않습니다. 하지만 블록 코딩을 활용한다면 코딩의 작동 원리와 구조를 친숙하고, 쉽게 배울 수 있습니다. 지금부터 블록 코딩 활용 사이트 중 하나인 엔트리를 이용하여 코딩에 대해 알아보고자 합니다.

엔트리는 네이버 커넥트재단에서 개발하고 운영하는 비영리 소프트웨어 교육 플랫폼으로 2018년도부터는 2015 개정 교육과정에 따라 교육용 프로그래밍 프로그램으로 채택되었습니다. 엔트리에서 제공하는 많은 블록 중 인공지능 블록을 중점으로 기술하고자 합니다.

엔트리(인공지능 블록)

01. 인공지능 블록을 불러오는 방법

1) 엔트리 시작하기

인공지능 블록을 학습하기 위해 엔트리를 시작합니다.

엔트리 사이트 접속 〉 만들기 〉 작품 만들기

[그림 1-11-1] 엔트리 작품 만들기

2) 인공지능 블록 불러오기

엔트리에서 기본으로 제공하는 인공지능 블록을 사용하기 위해서 기존의 블록들과는 다르게 사용자가 직접 블록을 불러와야 합니다.

블록 〉 인공지능 〉 인공지능 블록 불러오기

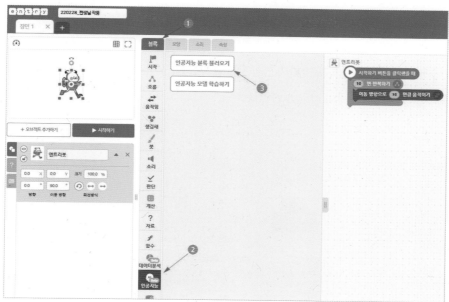

[그림 1-11-2] 엔트리 인공지능 블록 가져오기

> Tip 만든 작품을 엔트리 사이트에 저장하기 위해서는 엔트리의 아이디가 필요합니다. 아이디가 없
> 을 때는 PC에 데이터 파일로 만들던 작품을 저장할 수 있습니다.

02. 사용 가능한 인공지능 블록 목록

엔트리에서는 아래와 같이 네 가지의 인공지능 블록을 제공합니다.

네 가지 블록은 각각 아래의 설명과 같습니다.

[그림 1-11-3] 엔트리에서 기본 제공하는 인공지능 블록

• 번역

NAVER의 파파고를 이용하여 다른 언어로 번역할 수 있는 블록 모음

• 비디오 감지

카메라를 이용하여 사람(신체), 얼굴, 사물 등을 인식하는 블록들의 모음

• 오디오 감지

마이크를 이용하여 소리와 음성을 감지할 수 있는 블록 모음

• 읽어주기

nVoice 음성합성 기술로 다양한 목소리로 문장을 읽는 블록 모음

03. [번역] 블록

1) 한국어 ▼ 엔트리 을(를) 영어 ▼ 로 번역하기

해당 단어(문장)를 다른 언어로 번역합니다.

사용 가능한 국가 언어(한국어, 영어, 일본어, 중국어(간체, 번체), 스페인어, 프랑스어, 독일어, 러시아어, 포르투갈어, 태국어, 베트남어, 인도네시아어, 힌디어)

[그림 1-11-4] 번역하는 인공지능 블록 예시

Tip 한국어 ▼ 엔트리 을(를) 영어 ▼ 로 번역하기 블록은 번역 기능만 있고 표현할 수 없으므로 말하기 블록을 사용해야 합니다. 말하기 블록은 '생김새' 탭에 있습니다.

2) **엔트리** 의 언어

해당 단어(문장)가 어느 나라의 언어인지 판별합니다.

[그림 1-11-5] 언어의 국가 확인 블록 예시

3) [번역] 블록 응용

[번역] 인공지능 블록을 통하여 번역기처럼 외국어를 한국어로 바꾸거나 한글을 다른 외국어를 한국어로 바꿀 수 있습니다.

외국어를 한국어로 바꾸고 싶을 때

[그림 1-11-6] 외국어를 한국어로 바꾸는 방법 예시

> **Tip** '만일~ 아니면' 블록을 사용할 때는 블록이 포함된 위치가 중요합니다. 반복을 통하여 예시보다 더 많은 언어를 추가할 수 있습니다.

한국어를 외국어로 바꾸고 싶을 때

[그림 1-11-7] 한국어를 외국어로 바꾸는 방법 예시

Tip 바꾸고 싶은 나라에 관한 질문의 답변이 다양할 수 있으므로 '또는' 블록을 이용하여 여러 가지 경우의 수를 준비하는 것이 좋습니다.

04. [비디오 감지] 블록

1) 비디오 화면 보이기 ▼

– 엔트리 화면에 카메라 화면을 켜고 끌 수 있는 블록

2) ChromaCam ▼ 카메라로 바꾸기

– 컴퓨터에 연결된 카메라 종류를 선택하는 블록

3) 비디오가 연결되었는가?

– 컴퓨터에 카메라가 연결되었는지 판단하는 블록

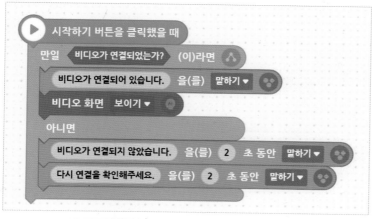

[그림 1-11-8] 비디오가 연결되었는가? 블록 사용 방법 예시

4)

비디오 화면 좌우▼ 뒤집기

– 카메라의 좌우/상하를 뒤집는 블록

5)

비디오 투명도 효과를 0 으로 정하기

– 화면의 투명도를 변경하는 블록(0은 불투명, 100은 투명으로 보이지 않음.)

6)

자신▼ 에서 감지한 움직임▼ 값

– 움직임, 좌우 방향, 상하 방향을 정량화하는 블록

7)

사람▼ 인식 시작하기▼   과   인식된 사람▼ 보이기▼

– 으로 화면에 나온 사람(얼굴, 사물)을 인식을 시작(중지)하고

그것을 화면으로 보기 위해서  블록을 사용해야 합니다.

- 사람, 얼굴, 사물 블록을 연결하여서 한 화면에 세 가지를 모두 볼 수 있습니다.

사람 인식	얼굴 인식	사물 인식

[그림 1-11-9] 인식 블록 사용 예시

8) ◀ 사람 ▼ 　인식이 되었는가? ▶

- 현재 사람(얼굴, 사물)이 인식되고 있는지 판단할 수 있는 블록

9) ◀ 사물 중 　자전거 ▼ 　(이)가 인식되었는가? ▶

- 사물 중 인식되고 있는 것을 판단할 수 있는 블록(사람, 컵, 그릇, 키보드 등)

10) 　인식된 　사람 ▼ 　의 수

- 인식된 개체(사람, 얼굴, 사물)를 파악할 수 있는 블록

11) 　1 ▼ 　번째 사람의 　얼굴 ▼ 　의 　x ▼ 　좌표

- n 번째로 인식된 사람의 얼굴(팔꿈치 등)의 x, y 좌표를 확인하는 블록

12)

– n 번째로 인식된 얼굴의 눈(코, 윗입술 등)의 x, y 좌표를 확인하는 블록

13)

– n 번째로 인식된 얼굴의 성별, 나이, 감정(슬픔, 기쁨 등)을 확인하는 블록

[그림 1-11-10] 감정 확인 블록 사용 예시

Tip 마이크 경고가 나올 때 해결 방법

경고
빨간색으로 표시된 블록을 확인해 주세요.

– 크롬이나 엣지 브라우저를 사용   – 아래와 같이 마이크 권한을 허용

[그림 1-11-11] 비디오 경고를 해결하는 방법

05. [오디오 감지] 블록

1)

마이크가 연결되었는가?

– 마이크가 연결되었는지 판단하는 블록

2)

음성 인식하기

– 음성 인식을 시작하는 블록

3)

음성을 문자로 바꾼 값

– 마이크로 입력한 음성을 문자로 바꾸는 블록

4)

마이크 소리크기

– 마이크 소리를 정량화하는 블록

[그림 1-11-12] 오디오 감지 블록 사용 예시

Tip 마이크 경고가 나올 때 해결 방법

– 크롬이나 엣지 브라우저를 사용

– 아래와 같이 마이크 권한을 허용

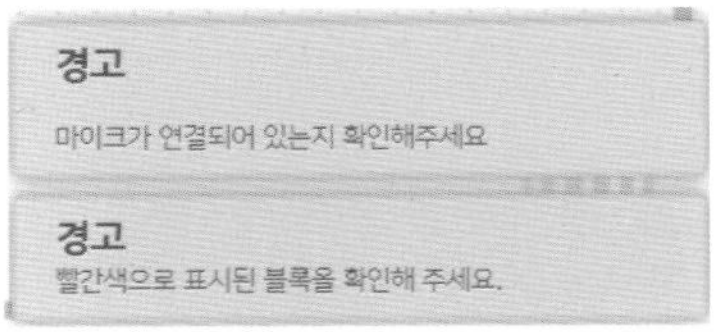

경고
마이크가 연결되어 있는지 확인해주세요.

경고
빨간색으로 표시된 블록을 확인해 주세요.

[그림 1-11-13] 마이크(오디오) 경고를 해결하는 방법

06. [읽어주기] 블록

1) 엔트리 읽어주기

– 적은 문구를 음성으로 읽어주는 블록(다음 블록을 즉시 진행)

2) 엔트리 읽어주고 기다리기

– 적은 문구를 음성으로 읽어주는 블록(다 읽은 후 다음 블록 진행)

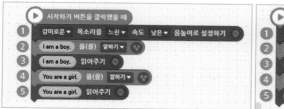

1, 2, 3, 4, 5가 순서대로 즉시 진행되어 3과 5의 읽는 소리가 동시에 들립니다.

3을 다 읽은 후 4로 진행하여 각각 문구와 소리를 순서대로 확인할 수 있습니다.

[그림 1-11-14] 읽어주기 블록과 읽어주고 기다리기 블록의 차이점

3) 여성▼ 목소리를 보통▼ 속도 보통▼ 음높이로 설정하기

– 읽어주는 목소리의 종류와 속도, 음높이를 변경할 수 있는 블록

12. 엔트리 데이터 분석과 머신러닝

들어가며

인공지능(AI), 사물인터넷(IoT), 증강현실·가상현실(AR·VR). 우리의 삶을 혁신적으로 바꿔가고 있는 새로운 기술들의 핵심이자 기반에는 바로 '데이터'가 자리 잡고 있습니다. 기술의 진화는 매일 소비되는 데이터의 양을 증가시키고, 이와 동시에 우리가 일상생활 속에서 결정하게 되는 선택과 모든 행위가 데이터화되어 어딘가에 차곡차곡 쌓여가고 있습니다. 즉, 우리는 데이터의 시대에 살고 있습니다. 그렇다면 데이터의 시대에 사는 학생들이 자신의 주변에 있는 데이터를 수집·분석하고 이를 활용하여 문제를 해결할 수는 없을까요?

엔트리 데이터 분석과 머신러닝

01. 인공지능 모델 학습을 위한 데이터 수집

1) 데이터(Data)의 의미

데이터는 관찰이나 실험, 조사로 얻은 자료(Data)를 뜻합니다. 또 컴퓨터가 처리할 수 있는 문자, 숫자, 소리, 그림 등의 형태로 된 자료를 데이터라고 부르기도 합니다. 이러한 데이터를 가공하여 얻는 것이 바로 정보(Information)입니다.

오늘날은 데이터의 시대라고 불릴 만큼 누구나 쉽게 데이터를 수집, 분석하고 활용할 수 있게 되었습니다. 이에 따라 데이터 분석을 통한 혁신과 가치 창출 역량은 미래 사회를 살아가는데 중요한 경쟁력으로 여겨지고 있습니다. 또 수집, 생성된 데이터를 바탕으로 미래를 예측하고 올바른 의사결정을 할 수 있다는 점에서 데이터 분석과 활용의 중요성이 커지고 있습니다.

2) 데이터 수집하기

과거보다 물가가 많이 상승했다는 것은 생활 속 여러 가지를 통해 느낄 수 있지만, 특히 물가 상승을 크게 체감할 수 있는 음식이 있습니다. 바로 '자장면'입니다. 지금부터 엔트리 데이터 분석을 활용하여 자장면 가격이 얼마나 올랐는지 분석해 보고 앞으로 가격이 어떻게 될지 예측하고자 합니다.

자장면 가격 예측을 위해 가장 먼저 할 일은 데이터 수집입니다. 간단한 데이터라면 개인이 직접 데이터를 작성할 수 있습니다. 하지만 데이터의 양이 매우 크다면 이를 직접 만드는 일은 쉬운 일이 아닙니다. 이에 공공기관에서는 기관이 생성 또는 취득하여 관리하는 데이터를 국민이 쉽고 편리하게 이용할 수 있도록 공공데이터를 제공하고 있습니다. 대표적으로 공공데이터포털 (https://www.data.go.kr)과 국가통계포털(KOSIS, https://kosis.kr)이 있습니다.

[그림 1-12-1] 공공데이터포털

[그림 1-12-2] 국가통계포털

KOSIS 국가통계포털에서 자장면 가격이 어떻게 변화하였는지 알 수 있는 연도별 소비자물가 지수 데이터를 엑셀 파일로 내려받아 봅시다. 먼저 KOSIS 메인화면에서 '국내통계' – '주제별 통계'로 들어갑니다.

KOSIS 국가통계포털					
국내통계	**국제·북한통계**	**쉽게 보는 통계**	**온라인간행물**	**민원안내**	**서비스 소개**
주제별 통계	국제통계	대상별 접근	주제별	FAQ	국가통계포털 소개
기관별 통계	북한통계	이슈별 접근	명칭별	Q&A	국가통계현황
e-지방지표(통계표)		통계시각화콘텐츠	기획간행물	KOSIS 길라잡이	국가통계 공표일정
e-지방지표(시각화)				홈페이지 개선의견	새소식
과거·중지통계				찾아가는 KOSIS	Fact-Check 서비스

[그림 1-12-3] KOSIS 메뉴 선택

다양한 주제 중 '물가' – '소비자물가조사' – '품목별 소비자물가지수'를 선택합니다.

[그림 1-12-4] 품목별 소비자물가지수

통계표를 바로 내려받아 사용할 수 있지만, 이 경우 필요 없는 내용이 데이터에 포함되게 됩니다. '연도'에 따른 '자장면'에 대한 소비자물가지수를 조회할 수 있도록 옵션을 선택합니다. 품목별 탭에서 '자장면'을, '시점' 탭에서 '연도'를 선택하여 필요한 자료만 조회하겠습니다.

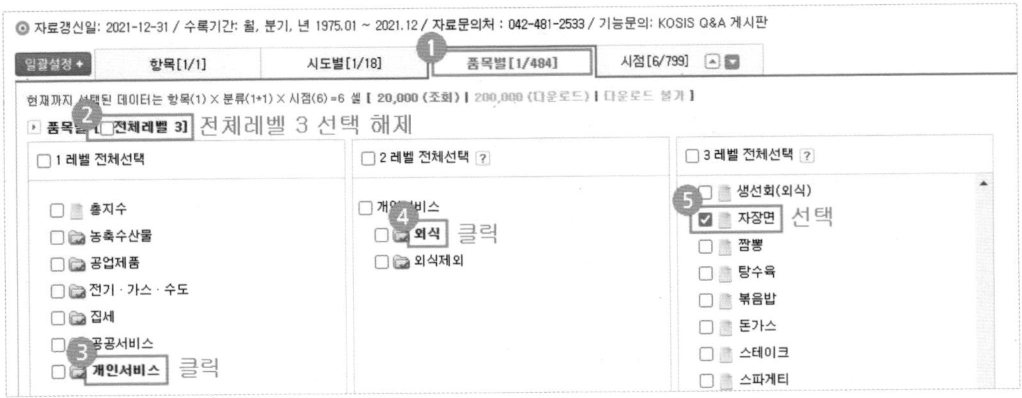

[그림 1-12-5] 품목별 조회 옵션 선택

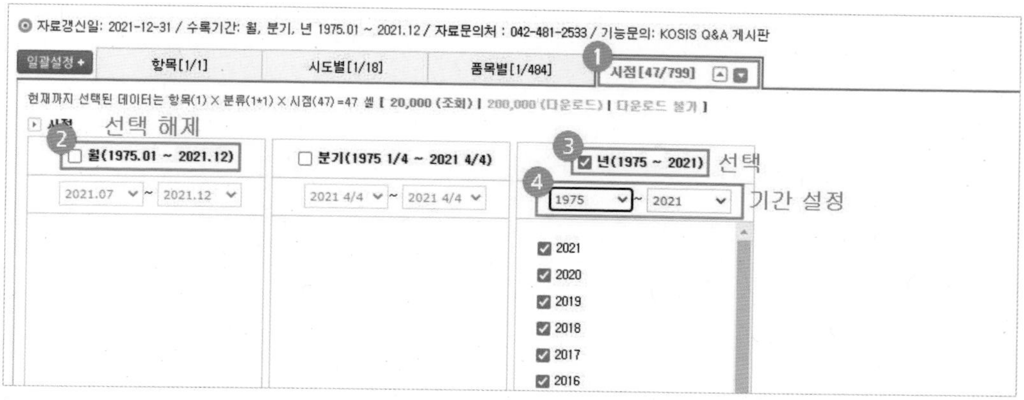

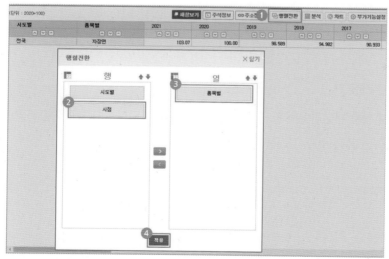

[그림 1-12-6] 시점 조회 옵션 선택

통계표를 조회하면 시도별·품목별 항목이 행으로, 시점(연도)이 열로 조회됩니다. 데이터를 보기 쉽게 만들기 위해 행렬전환이 필요합니다. '행렬전환'을 눌러 '시점'을 행(왼쪽 상자)으로, '품목별'을 열(오른쪽 상자)로 이동시킵니다.

[그림 1-12-7] 행렬 전환하기

필요한 자료가 조회되었습니다. 적절한 옵션을 설정하여 엑셀 파일을 내려받으면 데이터를 사용할 준비가 완료됩니다.

[그림 1-12-8] 데이터 내려받기

02. 엔트리로 데이터 다루기

1) 데이터 불러오기

수집한 데이터를 엔트리에서 활용하기 위해서는 먼저 엔트리에 데이터를 불러와야 합니다. 엔트리에 로그인 후 상단 메뉴의 '만들기' 중 '작품 만들기'를 선택합니다.

[그림 1-12-9] 엔트리 메인 메뉴

데이터를 불러오기 위해 데이터 분석에서 '테이블 불러오기'를 선택합니다. 그리고 '테이블 추가하기'를 클릭합니다.

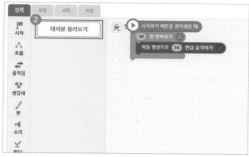

[그림 1-12-10] 데이터 분석

[그림 1-12-11] 테이블 추가하기

테이블 추가하기에는 테이블 선택, 파일 올리기, 새로 만들기의 세 가지 탭이 있습니다. '테이블 선택'에서는 엔트리가 기본 제공하는 이미 만들어진 데이터 테이블을 선택하여 사용할 수 있습니다. 데이터가 간단하다면 '새로 만들기'를 통해 직접 데이터를 만들 수도 있습니다. 여기에서는 필요한 데이터를 가지고 있으므로 '파일 올리기'를 선택합니다.

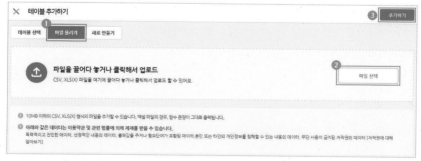

[그림 1-12-12] 파일 올리기

2) 데이터 가공하기

데이터를 사용하기 전에 데이터를 필요에 따라 가공합니다. 여러 경로에서 수집된 데이터는 형식이 다를 수도 있고, 오류를 포함하고 있을 수 있습니다. 따라서 오류와 불필요한 데이터를 제거하여 자료의 타당성과 신뢰성을 높이고, 사용할 도구에 맞는 형태로 변환하는 작업이 필요합니다.

A 열의 시도별 항목은 데이터 안에 포함되어 있어도 큰 문제가 없지만, 실질적으로 자장면 가격을 예측하는 데 필요가 없습니다. 따라서 A 열을 삭제하여 데이터를 사용하기 편리하도록 만듭니다. 엔트리에 파일을 불러오기 전 스프레드시트 프로그램에서 미리 데이터를 가공하고 파일을 불러와도 괜찮습니다.

[그림 1-12-13] 데이터 가공하기

Tip 저장하기를 누르지 않고 적용을 하면 데이터를 수정한 내용이 반영되지 않아 인공지능 모델을 학습했을 때 오류가 생길 수 있습니다.

3) 데이터 살펴보기

이제 수집한 데이터의 내용을 자세히 한 번 살펴봅시다. 엔트리 데이터 분석에서 데이터를 불러오면 그에 대한 정보를 테이블, 차트, 정보 탭에서 볼 수 있습니다.

첫 번째 탭인 '테이블'은 스프레드시트 프로그램과 같이 표로 데이터를 보여주며 수정도 가능합니다. 데이터를 살펴보면 해가 갈수록 자장면 가격을 나타내는 물가지수 숫자가 점점 커지는 것을 볼 수 있습니다. 이 데이터를 바탕으로 예측해 보면, 앞으로 자장면 가격은 지금보다 오르리라는 것을 쉽게 예상할 수 있습니다.

'차트' 탭에서는 데이터의 레이블을 이용하여 원하는 형태의 그래프를 그릴 수 있습니다. 다음 그림은 시점(가로축)에 따른 자장면 물가지수(세로축) 변화를 꺾은선 그래프로 그린 것입니다.

	A	B
1	시점	자장면
2	2021	103.07
3	2020	100
4	2019	98.589
5	2018	94.982
6	2017	90.933
7	2016	88.108
8	2015	85.703
9	2014	83.397
10	2013	82.353

[그림 1-12-14] 테이블 탭

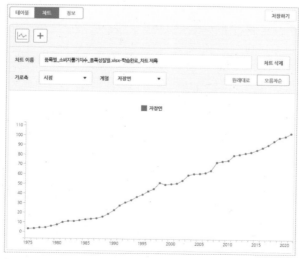

[그림 1-12-15] 차트 탭

마지막으로 정보 탭에서는 데이터에 대한 종합적인 정보를 요약해 보여줍니다.

테이블 ⓘ 테이블에서 열을 기준으로 한 기초 통계량입니다.

행 47개 | 열 2개 | 셀 94개

	평균	표준 편차	최댓값	중간값	최솟값
시점	1998	13.56	2021	1998	1975
자장면	46.72	31.59	103.07	49.46	2.89

[그림 1-12-16] 정보 탭

지금까지 자장면 가격의 변화를 예측하는데 필요한 데이터를 수집하고, 적절하게 가공하였습니다. 이 데이터를 바탕으로 자장면 가격은 앞으로도 상승할 것으로 예측할 수 있었습니다. 그렇다면 조금 더 구체적인 값을 예측할 수는 없을까요? 예를 들면 2020년도의 값 100을 기준으로 30년 뒤인 2050년의 자장면 물가지수는 얼마일까요? 물가지수를 예측해서 자장면의 가격을 알 수는 없을까요?

03. 엔트리와 머신러닝

1) 머신러닝(Machine Learning)과 지도학습

인공지능을 학습시키는 머신러닝의 방법은 크게 세 가지로 분류됩니다. 지도학습, 비지도학습, 강화학습입니다. 엔트리는 이 중 지도학습과 비지도학습 모델을 제공하고 있습니다. 여기에서는 인공지능이 자장면 가격을 예측하도록 하기 위해 엔트리가 제공하는 지도학습 중 '예측: 숫자' 모델을 사용할 예정입니다.

지도학습(Supervised Learning)은 말 그대로 정답이 있는 데이터를 활용해 인공지능을 학습시키는 방법입니다. 지도학습에서 인공지능은 입력값(X data)과 입력값에 대한 결괏값(Y data)을 바탕으로 데이터를 학습합니다. 이제 자장면 가격 예측 데이터의 연도(X data)와 연도에 대한 자장면 소비자물가지수(Y data)를 인공지능에 제공하여 학습하도록 하고, 이를 바탕으로 경향을 예측해 보겠습니다.

2) 지도학습 '예측: 숫자' 모델 학습하기

먼저 인공지능이 데이터를 통해 값을 예측할 수 있도록 인공지능 모델을 학습시켜야 합니다. 인공지능 블록의 '인공지능 모델 학습하기'를 선택합니다.

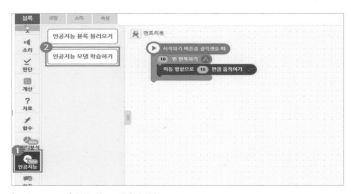

[그림 1-12-17] 인공지능 모델 학습하기

학습할 모델 선택하기에서는 데이터에 따른 적절한 머신러닝 방법을 선택할 수 있습니다. '예측: 숫자' 모델을 선택합니다.

[그림 1-12-18] 학습할 모델 선택하기

[그림 1-12-19] 예측: 숫자 모델 학습하기

① 모델 이름을 입력합니다.

② 불러온 데이터 파일명이 나타납니다. 파일명을 클릭하여 데이터를 선택합니다.

③ 데이터를 선택하면 데이터의 속성들이 나타납니다. 불러온 데이터는 '시점'과 '자장면'을 속

성으로 가지고 있습니다. 시점(연도)에 따라 자장면 가격(자장면)이 어떻게 변화할지 예측하고자 하므로 핵심 속성은 '시점'입니다.

④ 자장면 가격을 예측하고자 하므로 예측 속성은 '자장면'입니다.

> **Tip** 쉬운 이해를 위하여 핵심 속성은 과학 실험에서의 독립변인, 예측 속성은 종속변인으로 생각할 수 있습니다.

⑤ 속성이 모두 지정되면 '모델 학습하기'를 눌러 학습을 진행합니다.

⑥ 학습이 완료되면 학습한 모델 결과를 확인하고 적용합니다.

04. 가격 예측 프로그램 만들기

1) 프로그램 제작 준비하기

학습이 완료된 모델을 사용하여 프로그램을 만들어보겠습니다. 프로그램을 시작하면 예측을 원하는 연도를 물어보고, 예측 결괏값을 대답해 주는 단순한 기능을 구현하고자 합니다. 여기에서는 인공지능 블록과 몇 가지의 간단한 블록들을 활용합니다. 학생의 수준에 따라 변수, 리스트와 같은 블록을 활용하여 더 정교한 프로그램을 만들 수도 있습니다.

먼저 화면을 구성합니다. 자장면 가격 예측이라는 주제와 어울리도록 부엌 배경과 요리사 오브젝트를 추가하였습니다.

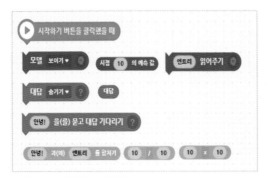

[그림 1-12-20] 주요 코드 블록

[그림 1-12-21] 화면 구성

2) 프로그램 제작하기

시작하기 버튼을 클릭하면 실행 화면에 있는 인공지능 모델과 대답을 숨기도록 합니다. 그리고 '예측을 원하는 연도를 숫자로 입력해주세요'라는 문구를 읽어주면서 대답을 기다립니다.

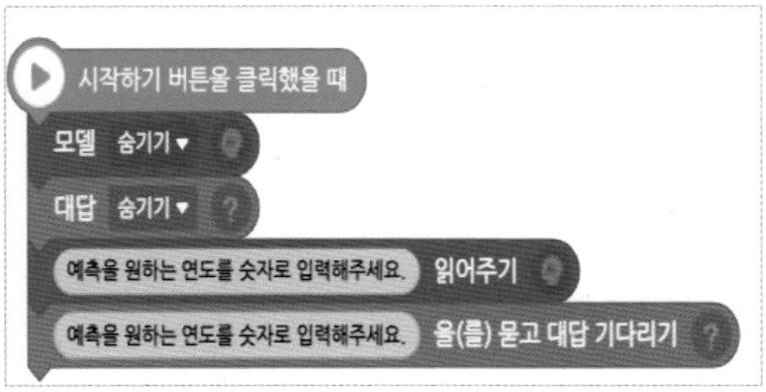

[그림 1-12-22] 연도 묻고 대답 기다리기

[그림 1-12-23] 예측값 블록

사용자가 숫자로 입력한 연도의 예측값은 [그림 1-12-23]과 같은 블록이 됩니다. 그런데 한 가지 문제가 있습니다. 수집한 데이터는 자장면의 '가격'이 아닌 '소비자물가지수'입니다. 이 소비자물가지수는 2020년 자장면 가격을 기준 100으로 정하고 기준에 대한 비율을 나타낸 것입니다. 다시 말하면 데이터의 연도별 값은 2020년 자장면 가격에 대한 백분율(%)입니다. 따라서 자장면의 가격을 말해주기 위해서는 계산이 필요합니다.

계산을 위해 2020년 자장면 가격을 6,000원으로 가정합시다. 예측값을 100으로 나눈 뒤 6,000원을 곱하면 예측 연도의 자장면 가격이 됩니다. 나눗셈, 곱셈 블록을 활용하여 자장면 가격을 계산합니다.

[그림 1-12-24] 자장면 가격 계산하기

자장면 가격이 계산되었으니 합치기 블록을 통해 자연스러운 문장으로 만들어 줍니다.

[그림 1-12-25] 예측값 대답 문장 만들기

이렇게 만들어진 문장을 읽어주기와 말하기 블록 안에 넣어 완성한 전체 코드 블록의 모습은 다음과 같습니다.

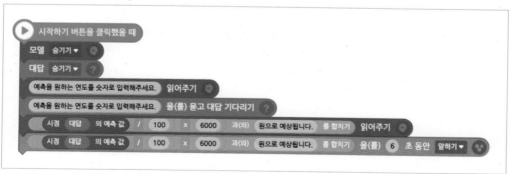

[그림 1-12-26] 완성된 프로그램의 코드 블록

완성된 프로그램을 실행하고 예측을 원하는 연도를 숫자로 입력하면 자장면 가격을 예측해 줍니다.

[그림 1-12-27] 프로그램 실행 화면(http://naver.me/GYuDbAAB)

3) 제언

지금까지 엔트리의 데이터 분석과 머신러닝을 활용하여 자장면 가격을 예측해 보았습니다. 먼저 가격 예측을 위해 필요한 데이터를 수집, 가공하였고 '예측: 숫자' 모델을 통해 데이터를 분석하여 자장면 가격이 상승할 것으로 예측할 수 있었습니다. 여기에서 더 나아가 예측을 원하는 연도를 입력하면 예측값을 대답해 주는 프로그램을 제작하였습니다.

엔트리는 교과서에도 소개되어 사용되는 만큼 학생들에게는 이미 매우 친숙합니다. 또 데이터와 인공지능을 사용할 수 있는 다양한 기능들을 제공하는 장점이 있습니다. 이러한 엔트리를 통해 학생들은 데이터 분석과 머신러닝을 활용하여 자신의 생활 속 문제를 해결하는 경험을 할 수 있을 것입니다. 나아가 수업을 계획하는 선생님들이 다양한 교과와 학습 내용에 대해 데이터 분석과 머신러닝을 활용하여 다채롭고 흥미로운 수업을 설계하고 운영할 수 있기를 기대합니다.

memo

1. 인공지능 토론 수업
패들렛을 활용한 온라인 토론

들어가며

저는 고등학교에 재직 중인 생명과학 교사입니다. 아무래도 고등학교에서는 내신, 수능 등으로 인하여 교과 진도의 문제가 있어서 정보 교과가 아닌 이상 인공지능에 대해 수업에 직접 적용하기가 쉽지 않습니다. 그래서 어떻게 인공지능과 수업을 연계 지어볼까 고민하던 중, 학급 학생들이 코로나19로 인해 비대면 수업으로 전환하는 상황이 발생하였습니다.

이에 학급의 창의적 체험활동, 진로 체험 시간에 담임교사로서 학생들의 진로 활동의 일환으로 패들렛을 활용한 온라인 토론 수업을 구상해 보았습니다. 고등학교 1학년 남학생들을 대상으로 수업했고, 학생들의 긍정적인 반응을 얻은 후 추가로 학교 전체에서 희망자들을 모집하여 오프라인에서도 토론을 진행했습니다. 몇몇 토론 주제들은 교과 관련 주제로 변경한다면 초·중·고등학교의 다양한 교과 수업 시간에 토론 수행평가의 일환으로 활용할 수 있을 것입니다.

인공지능 토론 수업

01. 패들렛을 활용한 온라인 토론

1) 수업 개요

수업 제목	패들렛을 활용한 인공지능 온라인 주제 토론	수업 대상	인공지능과 관련된 진로를 꿈꾸는 학생들
토론 주제	1. 고위험 AI 규제에 관한 토론 2. 인공지능 저작권 인정 여부에 관한 토론		
사용 도구	패들렛		

2) 수업 흐름 및 내용

본격적으로 수업에 들어가기에 앞서, 패들렛부터 세팅하고 수업을 진행해야 합니다. 특히 온라인으로 학생들이 의견을 주고받을 수 있도록 해야 하므로 학생들이 기본적으로 컴퓨터 혹은 스마트 기기를 구비하고 있음을 기본 전제로 하여 해당 수업을 구상하였습니다.

실제 학생들이 패들렛을 활용하여 온라인 토론 수업에 참여하게 하려고 총 두 가지 주제로 온라인 토론 수업을 했습니다.

첫 번째는, 고위험 AI 규제에 관한 토론이었습니다. 최근 EU에서 '고위험 AI'를 규정하고, 이를 규제하는 방안에 대해 발표했습니다. 이러한 인공지능 기술에 대한 규제가 맞는 것인지 학생들과 함께 의견을 공유했습니다.

고위험 AI 규제에 대한 토론
고위험 AI 규제에 대한 찬성, 반대 입장을 표명해주세요.

고위험 AI 규제에 대한 찬성

의료분야를 예시로, AI를 이용한 편 수술이 정밀해지지만 의료사고에 대한 책임여부, 환자와의 공감능력 부재 등 인간의 영역을 완벽하게 대신할 수 없다. 또, AI는 인간이 통제할 수 없는 존재이다. 기존의 시스템에 인공지능이 자리를 잡으면 '정상 사고'가 발생할 가능성이 있기 때문이다. 정상 사고는 각각의 분리된 문제들이 개별적으로는 아무런 문제가 없는데 이들이 합쳐졌을 때 전체 시스템에 큰 문제를 일으키는 것이다. 사실상 예측이 불가능한 일이기 때문에 엘런머스크의 뉴럴링크 기술 등으로 컴퓨터와 두뇌를 연결해 기능을 높여 미래에 인류의 위협을 없애야 한다.

나는 고위험 AI 규제에 대해 찬성한다. 첫째, AI는 우리 생활에 시간이 갈수록 더욱 깊게 침투할 것이다. 그 말은 인공지능이 무기, 직업, 프라이버시 영역에 들어선다는 것인데 무기는 살상의 위험이 있으며 현대 사회에서 개인의 프라이버시 보호는 정말 중요한 일 중 하나이다. 하지만, 인공지능의 발전 속도에 비해 관련 규제나 문제 발생 시 대처 방안을 마련하는 속

고위험 AI 규제에 대한 반대

AI는 인간보다 더 정확하고 신속하게 일처리를 끝낼 수 있다. 또한, 사람보다 안전하고 정교하게 일을 할 수도 있다. AI기술은 현재 계속해서 발전해 나가고 있는 추세이다. 그에 따라, AI를 이용한 범죄 발생의 가능성도 계속해서 언급되고 있다. 하지만 AI가 직접 스스로 사고하고 결정하는 시스템도 발전하고 있다. 이를 사용하면, 어떤 명령에 따라 불법적인 일을 행하게 되는 일은 거의 없어질 것이라고 생각한다.

자율주행자동차에서 의 딜레마도 하나의 윤리적 문제점으로 언급되고 있는데, 이는 AI가 이상이 없는 한, 사람보다 반응속도도 빠르고 계산도 빠르므로 자율주행자동차가 사람이 직접 운전하는 것보다 더 안전하다는 것은 사실이다.

인공지능 로봇이 지켜야할 로봇 제 3원칙은 1942년에 고안된 것이다. 이는 인간이 로봇이 해를 끼칠 것을 두려워해 만든 일종의 제어장치와 같다고 생각한다. 현재는 2021년으로, 윤리적 관점에서 인공지능을 바라보고

[그림 2-1-1] 고위험 AI 규제에 관한 토론

두 번째는, 인공지능 저작권 인정 여부에 관한 토론입니다. 최근 인공지능이 발전함에 따라 인공지능의 저작권을 인정해야 하는지 아닌지에 대해 학생들과 함께 의견을 공유하였습니다.

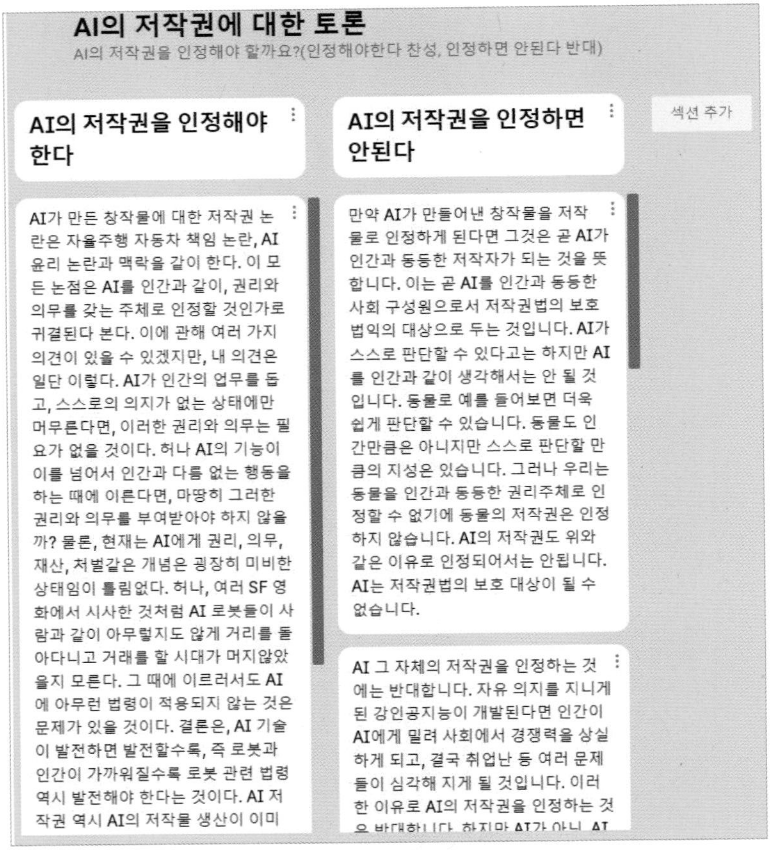

[그림 2-1-2] AI 저작권에 관한 토론

실제로 제가 온라인 토론 수업에서 만들어 학생들이 의견을 제시한 것을 따로 정리해둔 패들렛의 링크입니다.

① 고위험 AI 규제에 관한 토론: https://bit.ly/3snz8xd

② AI 저작권에 관한 토론: https://bit.ly/3snzfZF

3) 제언

학급 학생 중에서도 특히 인공지능에 관심이 많은 학생을 대상으로 수업을 진행하였기 때문에 소수 학생이 수업에 정말 열심히 참여하였습니다. 다만 온라인으로 토론이 진행되었으며 수행평가 등 내신에 전혀 반영이 안 되기 때문에 최대한 학생들을 정해진 시간 내에 참여할 수 있도록 독려하기에 어려움이 있었습니다.

학급 학생들을 대상으로 한 온라인 토론 수업을 성공적으로 마친 뒤, 최근 여러 대학교에서 인공지능과 관련된 학과들이 신설됨에 따라 인공지능 진로 분야에 대한 학생들의 수요가 많이 있어서 학년 전체 차원에서 온라인 토론회를 개최하여도 충분히 많은 참여가 있을 것으로 생각했습니다. 패들렛을 활용하여 온라인상에서 다양한 토의, 토론 등의 수업을 직접 해보시기를 바랍니다. 주제만 잘 제시한다면 학생들도 정말 재밌고 열정적으로 참여할 것입니다.

02. 인공지능 주제 토론 수업

1) 수업 개요

수업 제목	인공지능 주제 토론	수업 대상	인공지능과 관련된 진로를 꿈꾸는 학생들
토론 주제	1. 트롤리 딜레마에 관한 토론 2. 인공지능 의료 진단 프로그램의 적용 범위에 대한 토의		
사용 도구	노트북, 스마트 기기 등		

2) 수업 흐름 및 내용

저는 학급 희망 학생들을 대상으로 패들렛을 활용한 온라인 토론 수업을 성공적으로 진행한 뒤 대면 수업으로도 토론회를 개최하고자 하였습니다. 이후 대면 수업으로 전환된 뒤 1학년 전체 학생들을 대상으로 희망자를 조사하여 토론 수업을 진행하였습니다. 희망 학생들이 10명 내외였기 때문에, 인원도 적절하였습니다. 만약 학생 수가 너무 많다면 조를 나누거나 온라인으로 개최하여도 좋을 것 같습니다. 우선 실제 토론회를 진행하기에 앞서, 3일 전쯤 학생들에게 미리 토론 주제와 참고 자료를 전해주었습니다.

우선 첫 번째 주제는, 트롤리 딜레마에 관한 토론이었습니다. 트롤리 딜레마에 대한 유명한 사이트인 moralmachine.net에서 학생들과 함께 트롤리 문제를 접했던 것을 계기로 구상한 주제입니다. 참고 자료와 실제 토론 주제는 다음과 같습니다.

〈참고 자료〉

트롤리 문제란 사람들에게 브레이크가 고장 난 트롤리 상황을 제시하고 다수를 구하기 위해 소수를 희생할 수 있는지를 판단하게 하는 문제 상황을 가리키는 말이다.

트롤리 딜레마란 이러한 트롤리 문제 중 비슷하면서도 다른 두 가지 트롤리 문제가 딜레마를 일으키는 현상을 뜻한다.

이러한 트롤리 딜레마를 자율주행 자동차에 간단하게 적용하면 다음과 같다.

1. 사람들은 대부분 한 명의 운전자가 탑승하고 있는 자율주행 자동차가 여러 사람을 칠 수 있는 사고가 나게 될 경우, 여러 사람을 구해야 한다고 생각한다.
2. 그러나 이러한 자율주행 자동차를 구매하여 본인이 운전자가 되고 싶어 하지 않는다.

〈토론 주제〉

보행자 측: 자율주행 자동차는 보행자의 편의에 맞춰 설계되어야 한다.
운전자 측: 자율주행 자동차는 운전자의 편의에 맞춰 설계되어야 한다.

보행자와 운전자를 나누어 자율주행 자동차가 보행자의 편의에 맞춰 설계되어야 하는지, 운전자의 편의에 맞춰 설계되어야 하는지 아닌지로 토론을 진행하였습니다.

두 번째 주제는 인공지능 의료 진단 프로그램의 적용 범위에 대한 토의입니다. 인공지능 의료 진단 프로그램의 적용 범위는 찬성 반대로 나눌 수 있는 것이 아니기 때문에 학생들이 직접 어느 정도까지 적용해야 하는지에 대한 토의 주제로 전환하여 수업을 진행하였습니다.

〈참고 자료〉

1. 의학 진단용 AI의 몰락

지난 2013년 출시된 IBM의 왓슨 포 온콜로지(Watson for Oncology: WFO)는 암 진단과 치료를 위한 인공지능 소프트웨어다. 혁신적 시도로 전 세계적 주목을 받았고, 국내에서도 2016년 가천대길병원을 시작으로 다수의 병원이 앞다퉈 도입하며 화제를 불러일으켰다.

하지만 국내 도입 후 5년여가 지난 현재 WFO에 대한 관심은 급속도로 식었다. 국내 최초로 WFO를 도입했던 가천대길병원도 계약을 해지한 상태다.

2. 최근 의료용 AI의 발전 방향

최근 의료용 AI의 발전 방향은 영상 판독 위주이다. 학술 논문에서 의료 AI를 검색하여 최신순으로 정렬하면, X-ray 영상 판독, 의료 영상 표준 데이터 세트 변환 등 '진단' 및 '판독'을 중심으로 한 논문들이 많이 만들어지고 있다.

〈토론 주제〉

본인이 생각하였을 때 가장 적절한 의료용 AI의 발전 방향은 무엇인가?

---

3) 제언

인공지능 관련 학과에 진학하고자 하는 학생들을 대상으로 신청을 받아 수업을 진행했기 때문에 학생들이 상당히 열정적으로 수업에 참여하였습니다.

[그림 2-1-3] 실제 수업 사례

사전에 참고 자료 및 토론 주제에 대해 미리 학생들에게 나누어주고 토론 수업 당일에는 오른쪽과 왼쪽에 각각의 입장을 가진 학생들을 앉게 한 뒤 순서대로 각자의 의견 제시 및 다른 의견에 대한 반박, 교사의 정리 등으로 진행하였습니다. 이에 수업 후 만족도 조사에서, 학생들이 수업에 매우 만족하였음을 알 수 있었습니다. 학생들도 본인들이 흥미 있는 주제로 함께 수업을 만들어가는 것에 큰 보람을 느끼는 것 같았습니다.

또한 "혹시 인공지능 토론회에 추가하면 좋을 것 같은 주제가 있을까요?"라는 질문에 대한 답변에서 "'인간과 거의 똑같은 AI를 만드는 것은 바람직한가?'와 같은 윤리적 주제로 토론을 하는 것도 흥미로울 듯합니다"라는 의견도 있었습니다.

이렇듯 다양한 주제로 인공지능에 관한 토론을 패들렛을 활용해 온라인으로, 그리고 직접 오프라인 토론회를 통해 진행해 보았습니다. 인공지능은 이제 교육에 접목되기 시작하였기 때문에, 예시로 보여드린 토론 주제들 말고도 더 재밌고 유익한 주제들이 많이 있을 것입니다. 그리고 다양한 교과목에서 새로운 시각으로 접근하여 인공지능과 관련된 토론 수업을 꾸려볼 수 있을 것으로 생각합니다.

2. 인공지능을 활용한
국어 수업 및 평가(네컷만화)

들어가며

해가 갈수록 아이들의 문해력이 점점 낮아지고 긴 글이 많은 국어 교과에 대한 흥미가 없는 아이들, 자기 생각 말하기를 어려워하는 아이들도 늘어나고 있습니다. 국어 수업은 더 많은 이야기를 나누고, 의견을 공유하는 것만으로도 가치가 있다고 생각하던 때가 있었지만 이제는 더 다양한 도구, 자료들로 학습자 수준과 흥미를 고려한 수업 활동이 필요한 때가 온 것 같습니다.

소개해드리는 예시는 아이들과 진행한 국어 활동에서 전체적인 반응이 가장 좋았던 수업 및 수행평가 중 하나입니다. 인공지능을 활용하였기에 학생들의 흥미와 참여도가 올라갔고, 이것은 곧 학생들이 만족하는 평가 결과로 이어지게 되었습니다. 본 수업에서 사용한 '네컷만화' 앱은 비교적 사용 방법이 간단하여 저학년부터 고학년까지 모두 사용이 가능하므로, 인공지능 활용 교육에 대한 입문으로 적합하다고 하겠습니다.

수준별 수업을 통해 전 학년에서 활용할 수 있지만, 본 수업에서는 6학년을 대상으로 진행하였습니다.

인공지능을 활용한
국어 수업 및 평가(네컷만화)

01. AI와 함께 관용 표현 정복하기

1. 수업 개요

수업 제목	AI와 함께 관용 표현 정복하기	수업 대상	6학년
교육 목표	관용 표현을 이해하고 이를 적절하게 활용하여 나만의 작품을 만들 수 있다.		
사용 도구	'네컷만화' 앱		
수업 의도	본 수업은 학습자가 가지고 있는 여러 가지 관용 표현에 대한 이해를 바탕으로 이를 활용한 자신만의 작품(네컷만화)을 만드는 것을 목표로 하고 있습니다. 6학년 2학기 국어 2단원 <관용 표현을 활용해요>의 마지막 활동 및 수행평가로 해당 수업을 진행하였으며, 학생들은 이 수업을 통해 네컷만화 앱의 사용 방법을 익히고 활용하여 관용 표현이 들어간 네컷만화를 만들게 됩니다. 본 수업에서 인공지능을 활용하기 때문에 학생들의 흥미와 참여도를 자연스럽게 높일 수 있고, 교수자는 학생들이 가지고 있는 관용 표현에 대한 지식이 단순히 암기식이 아닌, 관용 표현에 대한 이해도를 높이고, 자신의 지식을 활용하여 하나의 결과물을 만드는 보람을 느낄 수 있을 뿐만 아니라, 인공지능을 가장 가까이에서 체험함으로써 인공지능의 생활화를 경험할 수 있을 것입니다.		
차시 내용	1차시 네컷만화 사용 방법 익히기		
	2차시 [평가] 관용 표현을 활용한 작품 만들기		
	3차시 관용 표현 네컷만화 공유하고 소감 발표하기		

02. 수업의 흐름

1) 1차시

학습 목표	'네컷만화' 앱의 사용 방법을 익혀 간단한 작품을 만들 수 있다.
수업자료	스마트폰(또는 태블릿PC), 네컷만화 앱
활동 내용	활동1 네컷만화란?
	활동2 네컷만화 앱 설치 및 사용 방법 익히기
	활동3 간단한 작품 구성하여 만들기

[그림 2-2-1] 만화 '고바우 영감'

[그림 2-2-2] 만화 '스누피 피너츠'

활동1은 네컷만화가 무엇인지에 대해 간단하게 배워보는 단계입니다. 만화의 역사와 '스누피 피너츠', '고바우 영감' 등 우리나라와 세계 다른 나라의 네컷만화를 살펴봅니다. 또 기술의 발전으로 등장한 '웹툰'에 대해서도 이야기를 나누게 됩니다.

활동2에서는 인공지능을 활용해 네 컷의 간단한 만화를 만들 수 있는 '네컷만화' 앱에 대해서 살

퍼봅니다. 네컷만화 설치 방법부터 캐릭터 추가, 대사 입력 등 네컷만화의 다양한 기능을 실제로 체험해보며 활용 방법을 익혀봅니다. 해당 앱은 사용 방법이 비교적 간단하므로 아이들이 금방 익히고 사용할 수 있다는 장점이 있습니다.

실제 수업을 해본 결과, 익히는 과정은 어렵지 않았으나 네컷만화 앱이 태블릿PC 또는 스마트폰(안드로이드)에서만 설치 및 사용을 할 수 있다 보니 많은 학생에게 동시에 조작하는 모습을 보여주기에 어려움이 있었습니다. 이때 미러링 기기나 프로그램을 사용한다면 쉽게 해결되지만, 이것이 어려우면 이 책에 소개되어있는 네컷만화 사용 방법을 바탕으로 학생들에게 간단한 보조 자료를 만들어 제공하거나, 앱 사용 방법을 영상으로 촬영하는 방법을 사용할 수 있고, 가장 간단하게는 유튜브에 '네컷만화 사용 방법'을 검색해서 관련 영상을 보여주는 것도 좋습니다.

[그림 2-2-3] 유튜브 검색 화면

활동3에서는 활동2에서 익힌 앱 사용 방법을 바탕으로 실제로 간단한 네컷만화를 제작하게 됩니다. 사용자가 입력한 대사에 따라 인공지능이 캐릭터의 표정과 동작을 추천해주는 방식이기 때문에 학생들의 흥미와 참여도가 매우 높습니다. 따라서 학생 대부분이 별도의 줄거리 작성 등의 구성 과정 없이도 금방 만화를 제작하고는 하지만, 구성 자체를 어려워하는 학생들이 있기도 합니다. 이런 학생들에게는 교사가 주제에 대한 팁을 주는 것을 추천합니다. 만화가 총 4컷으로 매우 간단하므로 '어제 점심시간에 있었던 일', '좋아하는 유튜브 영상에서 본 것', '주말에 있었던 일' 등 학생이 직접 경험하거나 알고 있는 일들을 중심으로 키워드를 던져주면 금방 구성 및 제작을 할 수 있습니다. 또한 시작 전 교사가 미리 만들어 둔 네컷만화 또는 네컷만화 앱에 게시된 여러 작품을 예시로 보여주면 학생들의 활동에 큰 도움이 될 것입니다.

2) 2차시

학습 목표	관용 표현의 뜻을 알고, 관용 표현이 들어간 나만의 네컷만화 작품을 만들 수 있다.	
수업 자료	스마트폰(또는 태블릿PC), 네컷만화 앱, 활동 및 수행평가지	
활동 내용	활동1	관용 표현의 뜻과 사용할 수 있는 상황 말하기
	활동2	관용 표현을 활용한 네컷만화 작품 만들기

2차시는 활동과 수행평가가 동시에 이루어지는 차시입니다. 국어 2단원과 관련된 성취기준은 '[6국04-04] 관용 표현을 이해하고 적절하게 활용한다'로 관용 표현에 대한 이해와 활용 두 가지 모두를 기준으로 삼고 있습니다. 이에 대한 학생들의 성취를 확인하기 위하여 별도의 활동지 겸 수행평가지를 만들게 되었습니다. 학생들에게는 평가 방식 및 기준, 채점 방식 등에 대해 사전안내하였으며, 스마트폰 등 기기를 사용하는 수행평가이다 보니 아이들의 기대가 높았습니다.

상시평가	2. 관용표현을 활용해요	6학년 반 번
6학년 2학기	관용표현을 활용한 작품 만들기	이름

성취기준	[6국04-04] 관용 표현을 이해하고 적절하게 활용한다.
평가문항	1. 다음 관용표현의 뜻을 쓰고, 어떤 상황에서 사용하면 좋을지 써 봅시다. 2. 관용표현을 활용한 작품을 만들어 봅시다.

1. 다음 관용표현의 뜻을 쓰고, 어떤 상황에서 사용하면 좋을지 써 봅시다.

관용표현	뜻	사용할 수 있는 상황
(예시) 무소식이 희소식	소식이 없는 것은 무사히 잘 있다는 말이니, 곧 기쁜 소식이나 다름없다.	연락이 없는 사람의 소식을 기다릴 때
발이 넓다		
금이 가다		
소 잃고 외양간 고친다		
손발을 맞추다		
물 쓰듯 쓰다		

평가 기준	자기 점검 기준	배점	점수
제시된 관용표현이 어떤 뜻인지 바르게 설명했는가?	5가지의 관용표현 중 4가지 이상 어떤 뜻인지 모두 다르게 설명한다.	5	
	5가지의 관용표현 중 2-3가지 이상 어떤 뜻인지 모두 다르게 설명한다.	3	
	5가지의 관용표현 중 0-1가지 이상 어떤 뜻인지 모두 다르게 설명한다.	1	
	참여하지 않음.	0	

[그림 2-2-4] 2차시 활동 및 수행평가지

평가 문항은 총 두 가지로 첫 번째는 [그림 2-2-4]의 표를 채우는 것입니다. 관용 표현 5가지를 제시하였으며, 제시된 관용 표현의 뜻과 사용할 수 있는 상황의 예를 학생이 직접 생각하여 쓰도록 하였습니다. 평가 기준은 적절하게 뜻을 설명한 관용 표현의 개수로 정하여 평가하였습니다.

2. 1번 문제에 나와 있는 관용표현들 중 하나를 골라 이것을 활용한 작품을 만들어 봅시다.

1) 선택한 관용표현(1번 문제에 나와있지 않지만 자신이 좋아하는 관용표현도 선택 가능)

2) 관용표현이 사용될 상황(네컷 만화의 간단한 줄거리를 적어 주세요.)

3) 위에서 생각한 내용을 바탕으로 여러분만의 관용표현 네컷만화를 만들어주세요.

평가 기준	자기 점검 기준	배점	점수
상황에 맞는 관용표현을 사용하여 작품을 완성하였는가?	상황에 어울리는 관용표현을 사용하여 만화를 완성했다.	5	
	만화에 관용표현을 사용했으나, 상황에 어울리지 않는다.	3	
	만화에 관용표현을 사용하지 않고 완성했다.	1	
	참여하지 않음.	0	

☆ 추가 배점

평가 기준	자기 점검 기준	배점	점수
만화의 흐름	네 개의 장면 속 내용이 자연스럽게 이어져 표현하고 싶은 내용이 잘 표현되었는가?	+1	
맞춤법	대사 속 맞춤법이 모두 적절한가?	+1	

3. 2단원을 마치며 소감 한마디

[그림 2-2-5] 2차시 활동 및 수행평가지

두 번째 평가 문항은 네컷만화 앱을 활용하여 1번 문항에서 나왔던 관용 표현 중 하나를 골라 이것을 활용한 작품을 만드는 것입니다. 작품 제작 전 자신이 선택한 관용 표현과 어떤 상황을 네컷만화에 담을 것인지 간단하게 작성하도록 하였습니다. 당연하지만, 만화 내용에는 부적절한 행동이나 언어가 들어가지 않도록 안내해주시면 좋습니다. 평가 기준은 만들어진 네컷만화를 교사가 살펴본 후, 상황에 어울리는 관용 표현을 사용했는지를 중심으로 하였습니다. [그림 2-2-6]는 학생들의 예시 작품입니다.

[그림 2-2-6] 학생 예시

평가 문항 두 가지 이외에도 만화의 흐름, 맞춤법 부분에서 추가 배점을 받을 수 있도록 하였고, 맨 아래에는 이번 활동이 2단원의 마지막 활동인 만큼 느낀 점을 간단하게 적을 수 있도록 하였습니다. 다음은 학생들의 활동 및 수행평가지 예시입니다.

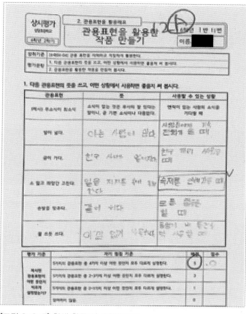
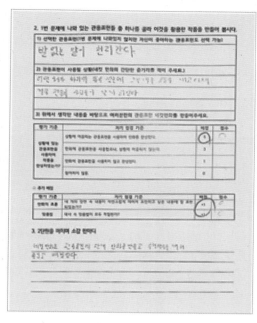

[그림 2-2-7] 학생 활동 및 수행평가지

3) 3차시

학습 목표	자신이 만든 작품을 공유하고 활동 소감을 발표할 수 있다.	
수업자료	스마트폰(또는 태블릿PC), 네컷만화 앱, 활동 및 수행평가지	
활동 내용	활동1	관용 표현 네컷만화 공유하기
	활동2	활동 소감 발표하기

3차시의 활동1에서는 이전에 만들었던 네컷만화를 패들렛에 공유하여 다른 친구들이 만든 네컷만화를 감상하고 댓글의 형식으로 서로 간단한 칭찬을 해주도록 하였습니다. [패들렛(Padlet)]-

[패들렛 만들기]-[셀프]를 선택한 후, 학생 수에 맞게 섹션을 만들고 섹션 아래 맨 처음에는 해당 학생이 자신의 네컷만화 링크를 게시하도록 합니다. 모든 학생이 링크를 게시한 후에는 일정한 시간을 주고 다른 친구들이 만든 네컷만화를 자유롭게 감상 후, 링크 아래에 칭찬하는 글을 간단하게 적어 게시하도록 합니다.

[그림 2-2-8] 네컷만화 공유 패들렛 예시(https://bit.ly/3JIkZqW)

학생들은 만드는 활동 못지않게 자신이 만든 작품을 공유하고, 다른 사람들의 작품을 살펴보는 활동 또한 매우 좋아하였습니다. 다른 작품을 살펴보면서 다음 작품에 대한 아이디어를 생각해보는 학생들도 보였습니다.

활동2에서는 이번 차시가 국어 관용 표현 단원 및 '네컷만화' 활용의 마무리였던 만큼 학생들의 활동 소감을 들어보았습니다. AI를 활용했던 만큼 학생들의 소감 또한 매우 다양하였고, 대부분

다음번에도 이런 형태의 수업을 해보고 싶다는 반응이 있어 교수자로서 보람이 느껴졌습니다.

4) 평가 아이디어

평가 기준	제시된 관용 표현의 뜻을 바르게 설명했는가?	상	5가지의 관용 표현 중 4가지 이상을 어떤 뜻인지 적절하게 설명할 수 있다.
		중	5가지의 관용 표현 중 2~3가지를 어떤 뜻인지 적절하게 설명할 수 있다.
		하	5가지의 관용 표현 중 0~1가지를 어떤 뜻인지 적절하게 설명할 수 있다.
	상황에 맞는 관용 표현을 사용하여 작품을 완성하였는가?	상	상황에 어울리는 관용 표현을 사용하여 만화를 완성했다.
		중	만화에 관용 표현을 사용했으나, 상황에 어울리지 않는다.
		하	만화에 관용 표현을 사용하지 않고 완성하였다.

평가를 계획할 때는 관련 교과 성취기준을 참고하여 평가계획을 수립합니다. 관용 표현에 대한 이해(지식), 관용 표현 네컷만화 제작(기능 및 태도)이 평가에 반영될 수 있도록 적절한 평가 방법을 사용합니다. 이번 평가의 경우 활동지를 겸한 수행평가지를 제작하였으며, 이때 평가 기준과 배점을 평가지 안에 첨부하게 되면 학생들이 스스로 결과물을 점검할 수 있는 점검기준이 될 뿐만 아니라 학생들이 기준 충족을 위해 더 노력하는 모습을 보여 양질의 평가가 이루어질 수 있습니다.

관용 표현 네컷만화를 평가할 때는 만화의 질이나 재미보다는 상황의 어울림, 관용 표현 사용 여부 등 기존의 평가 기준에 맞게 평가할 수 있도록 합니다.

5) 제언

학생들이 생각하는 국어 교과 활동은 글을 읽고, 쓰거나 발표하기 싫어도 억지로 말을 해야 하는 것이 대부분인 경우가 많습니다. 이러한 선입견에 가려 국어의 가치와 재미를 알지 못하게 되기도 합니다. 그렇지만 사실, 국어 교과는 생각보다 재미없는 과목이 아닙니다. 자신의 상상이 곧 결과물이 될 수 있고, 내가 생각하고 말하는 그 자체가 훌륭한 수업자료가 될 수 있는 무궁무진의 가능성을 가진 교과가 바로 국어 교과라고 할 수 있습니다.

가게의 주인이나 기업이 고객의 요구(NEEDS)를 파악하고 이를 반영하듯이 요즘 아이들의 성향과 흥미를 파악하여 국어 수업에도 변화의 바람을 일으키는 것이 필요합니다. 그리고 쉬운 그 첫걸음이 '네컷만화' 같은 재미있는 인공지능을 활용하는 것으로 생각합니다.

누군가는 인공지능으로 수업을 한다고 하면 어떻게 그렇게 어려운 것을 하는지, 수업 시간에 코딩하는 것인지 묻고는 합니다. 그러나 간단한 앱으로 아이들은 인공지능이 무엇인지 어떤 일을 하는지 자연스럽게 느끼게 되고 그 후에는 자연스럽게 '어떻게'에 대해 궁금해하기 시작합니다. 그리고 인공지능이 우리 삶에 어떤 도움을 줄 수 있는지 느끼게 됩니다. 참으로 신기하지요.

이번 수업을 계획하고 실제로 진행하면서 제일 먼저 눈에 띈 것은 학생들의 태도였습니다. 반 전체 아이들의 24개의 눈동자가 하나도 빠지지 않고 교사를 바라보고 초롱초롱하게 빛나는 순간, 수업에 관한 질문은 하나도 하지 않던 아이가 먼저 손을 들고 이야기할 때의 순간 등등. 교사의 적은 노력과 시간만으로도 아이들은 크게 변화합니다. 그리고 그 변화는 학생들의 가치 있는 성취로도 이어지게 됩니다.

이 책을 읽는 많은 선생님께서 인공지능 활용 교육에 대하여 더 쉽게 접근할 수 있기를 바라며, 네컷만화 앱이 간단하면서도 재미있는 수업 만들기에 도움을 줄 것입니다. 이번 수업 예시에서 네컷만화 앱은 관용 표현 만화 그리기 활동에 활용되었지만, 이외에도 환경캠페인 활동, 자신이 수업 시간에 배운 내용을 만화로 만들기, 새 학기 자기소개하기, 음악 감상 후 느낀 감정 표현하기,

학교폭력 예방만화, 진로 활동 등 다양한 분야 및 활동에서 사용 가능할 것입니다. 선생님과 학생들이 만들어갈 행복한 수업을 응원합니다.

3. 타입캐스트 스토리를
활용한 영어연극 수업

들어가며

　문학 작품(영어 대본)을 공부한 후, 읽기 후 활동으로 추억에 남을 만한 특별한 활동을 해보고 싶어 학생들에게 영어연극을 해보자고 제안했습니다. 대상은 고등학교 2학년 남학생들이었으며, 대개 영어 말하기를 해본 경험이 드물었고, 발음과 억양 면에서 부족한 점이 많았습니다. 이와 같은 이유로 학생들에게 모범적인 영어 듣기 예시를 제공할 수 있는 tts(text to speech) 앱을 검색하고, 최종적으로 '타입캐스트 스토리'를 선택 및 활용하여 영어연극 수업의 동기부여 활동으로 활용하였습니다.

　타입캐스트 스토리로 영상을 제작하면서 학생들이 얻은 이점은 다음과 같습니다. 먼저 학생들은 영어 대사를 직접 입력(타이핑)하며 대사를 숙지할 수 있었습니다. 또한, 학생들이 직접 등장인물에 맞는 인공지능 캐릭터를 앱에서 고르고, 앱의 다양한 필터 기능을 사용하여 대사에 감정을 입히면서 등장인물들에 관해 깊이 연구하는 시간을 가졌습니다. 마지막으로, 직접 만든 대본 영상을 듣고 따라 하면서 학생들은 즐겁게 말하기를 연습하였습니다.

　타입캐스트 스토리는 또한 초등, 중등 학생들이 영어 또는 한국어로 즉석에서 대화문을 만들 때 사용하면 재미있을 것 같습니다.

타입캐스트 스토리를 활용한 영어연극 수업

01. 수업 개요

수업 제목	영어연극	수업대상	고등학교 2학년
교육 목표	영어 교과서에 등장한 문학작품의 한 장면을 영어로 연기할 수 있다.		
사용 도구	스마트 기기(안드로이드)		
차시 내용	1차시	타입캐스트 스토리 영어 대본 영상을 만들고 연습하기	
	2차시	영어연극 영상 촬영하기	
	3차시	영어연극 영상 시사회를 하고 동료평가 하기	

학기 말에 총 3차시에 걸쳐 영어연극 연습하기, 촬영하기, 시사회 하기 순서로 진행하였습니다. 이 중 1차시 '영어연극 연습하기'에서 타입캐스트 스토리 앱을 적극적으로 활용하였습니다.

02. (1차시) 영어 대본 영상 만들고 듣고 연습하기

1) 수업 흐름과 내용

아이폰을 제외한 스마트 기기를 준비합니다. 인터넷을 이용해야 하므로 와이파이가 잘 구축된 환경이 좋습니다. 고등학생들은 초중등학생들과 비교했을 때 스마트폰 타이핑 속도가 빠르고 새로운 앱에 대한 이해와 적용도 빠른 편입니다. 따라서 50분 안에 타입캐스트 스토리 이용 방법을 배우고, 1분짜리 영상을 만들며, 업로드하고, 시간이 남으면 영상을 따라 하며 연습하는 것까지 가능했습니다.

학생들에게 타입캐스트 스토리 앱 이용 방법을 안내합니다. 조별로 앱에서 문학 작품의 각 배역에 가장 잘 어울리는 캐릭터를 골라 대사를 입력하고 다양한 필터 기능을 통해 자신만의 영상을 만들어 보도록 안내합니다.

영상을 다 만든 후 정해진 플랫폼에 업로드하도록 안내합니다. 빠르게 진행하는 조는 앱의 필터 기능을 이용하여 영상에 다양한 연출을 더 추가해보라고 조언해주고, 느리게 진행하는 조는 적절한 도움을 주면서 학생들이 전체적으로 비슷한 속도로 과업을 진행할 수 있도록 조절합니다.

자신이 업로드한 동영상을 세 번 이상 듣고 따라 읽으며 대사를 숙지하라고 안내합니다. 이때 자신이 평소 읽던 스

[그림 2-3-1] 타입캐스트 스토리를 이용하여 영상을 제작하는 모습

타일대로 따라 읽지 말고, 최대한 영상 속 캐릭터들의 발음, 억양, 속도를 흉내 내면서 따라 하는 것이 포인트라고 안내합니다.

> **Tip** 타입캐스트 영상 제작하기 활동은 2인 1조로 진행되었습니다. 왜냐하면 첫째, 2인 1조 진행은 혼자 스마트폰을 가지고 딴짓을 하는 경우와 여러 명으로 구성된 조에서 몇몇 학생이 무임승차하는 경우를 예방하기에 좋습니다. 둘째, 한 학급에 삼성 스마트폰을 쓰는 학생과 아이폰을 쓰는 학생이 대략 반반이어서 저는 학생들을 '삼성-아이폰'과 같이 짝지어주었습니다. 아이폰이 많은 학급에서는 학교에서 구매한 태블릿 pc를 나누어 주었습니다.

03. (2차시) 영어연극 영상 촬영하기

1) 수업 흐름과 내용

학생들에게 대본 숙지가 완벽하게 끝난 조는 작품의 내용과 어울리는 장소를 찾아 촬영하고 오라고 안내합니다. 저는 학생들이 대본 숙지를 완벽하게 끝냈는지 조별로 교사에게 검사를 받고 10분 간격으로 1~2조씩 야외 촬영을 허가하도록 하면서 너무 소란스러워지지 않도록 하였습니다.

영어연극 영상을 촬영할 때 원테이크로 촬영하는 방법도 있고, 스마트폰 카메라 앱의 일시 정지 버튼을 활용하여 끊어서 촬영하는 방법도 있습니다. 학생들은 한 번에 긴 대사를 말하는 것을 부담스러워 하므로 대부분의 학생은 주로 일시정지 버튼을 활용하여 대사를 한마디씩 멈춰가며 촬영하였습니다.

학생들에게 제한된 시간 내에 원하는 만큼 영상을 편집하라고 안내합니다. 학생들이 가장 많이 사용한 편집 기술은 자막과 배경음악을 넣는 것이었습니다. 조금 더 의욕 있는 학생들은 기타 앱을 이용해서 목소리를 변조하고 화면효과를 추가했습니다. 저희 학생들이 실제 사용한 앱은 블로(VLLO)와 키네마스터(KineMaster)입니다.

정해진 플랫폼에 올립니다. 학생들이 촬영한 연극 영상은 대개 용량이 커서 패들렛이나 퀴즈 앤 보드에 업로드할 수 없습니다. 이때 '플립그리드'를 이용하면 좋습니다(무료).

[그림 2-3-2] 대본 숙지하는 모습

[그림 2-3-3] 촬영하는 모습

Tip 플립그리드(Flipgrid)란?

플립그리드는 큰 용량의 영상을 공유 및 토의, 토론도 할 수 있는 외국 웹사이트이자 앱입니다. 학생들이 직접 찍은 연극 영상은 3분 내외고 파일 용량은 화질, 길이, 편집 방식 등에 따라 6MB에서 200MB까지 다양합니다. 패들렛은 파일 업로드 용량 제한이 30MB이기 때문에, 30MB보다 용량이 큰 파일을 업로드하고 싶은 학생들이 많은 경우 이용하기 적합하지 않습니다.

이럴 때 플립그리드를 이용하면 좋습니다. 무료로 용량이 큰 동영상을 자유롭게 업로드할 수 있을 뿐만 아니라 인터넷에 연결된 환경에서 다운로드 없이 바로 재생할 수 있습니다. 또한, 학생들은 다른 사람이 올린 동영상에 '좋아요'나 '댓글'을 남겨 피드백을 주고받을 수 있습니다.

[그림 2-3-4] 스마트폰에서 앱을 다운로드하고 접속한 플립그리드

[그림 2-3-5] 컴퓨터에서 접속한 플립그리드

04. (3차시) 영어연극 시사회하기와 동료평가하기

1) 수업 흐름과 내용

평가는 동료평가로 진행되었습니다. 학생들과 상의하여 평가항목을 연기력, 전달력, 연출력으로 정하였습니다. 각각 평가 내용은 '연기가 뛰어난 경우', '말하는 바가 잘 들리는 경우', '소품, 배경음악 등 영상을 위한 기타 연출이 들어간 경우'입니다. 계산을 쉽게 하려고 각 항목을 5점 만점으로 하되, 동점을 피하고자 0.5점 단위로 평가하기로 약속하였습니다. 마지막으로 한 줄 감상평을 통해 동영상의 하이라이트를 한 줄로 요약하여 써 보라고 하였습니다.

1. 학생들에게 동료 평가지를 나누어 주고 각 평가항목에 대해 자세하게 설명합니다.

2. 플립그리드를 이용해 연극 영상을 재생합니다.

3. 각 영상이 끝나면 20초씩 평가할 시간을 줍니다.

4. 평가지를 바탕으로 우수 작품을 투표합니다.

5. 때에 따라 잘한 학생들을 시상합니다. 저는 우수 작품을 만든 조에게 영어 동아리 예산을 이용하여 소정의 문구용품을 나눠 주었습니다.

[그림 2-3-6] 시사회 1

[그림 2-3-7] 시사회 2

학번:	Q᎒ᒐ		이름:	

	조원	연기력 (5)	전달력 (5)	연출 (5)	합계 (15)	한 줄 감상평
1		2	5	2	9	마지 통원 속에서 듣는듯한 공간울림
2		2	5	3	10	현장속 분위기가 실제인 것 같아
3						
4		2	3	5	10	회순한의 회의와 열띤 토론
5		3	4	4	11	깔끔한 점심식사 환영 같았다
6		4	2	3	9	거리감이 매우 느껴졌다.
7		3	4	5	12	새로운 상가 들라움!
8		5	3	3	11	각각의 캐릭터 존재감이 매우 진했다.

[그림 2-3-8] 동료평가지 1

학번: 2507	이름: 김

좋았던 점/느낀 긍정적인 생각 또는 감정들	좋지 않았던 점/느낀 부정적인 생각 또는 감정들
처음엔 대사가 많아 걱정이 않았는데, 와우면서 부동함을 느꼈고, 영어반응으로 양운 통해서 좀 신기이 는 것 같아 좋았다.	촬영에 대사 실수가 있어서 아쉬웠다.

우리 조가 잘한 점	뒷 조가 잘한 점
우리 조 조원(이도준 . 임난빈 . 김찬우) 각각 많은 역할은 잘 4행했고 , 센빈아 좋은 아이디얼 내봐서 잔 마무리한 것 같다.	뒷 조 조원(김세운 . 박정민 . 주승민) 시운아 연기국 잔했고 영어 반응도 좋았고 나머지 팀원들도 열심히 한게 눈에 띄였다.

[그림 2-3-9] 동료평가지 2

Tⁱp 생활기록부 기재

저는 [그림 2-3-9] 동료평가지 2를 참고하여 학생들의 생활기록부에 관련 활동을 기록하였습니다. 먼저 전체적인 활동을 설명하는 내용을 기술하고, 학생 개개인이 동료들에게 받았던 인상적인 평가나, 학생이 그 과정에 참여하면서 느낀 특별한 사항 등을 기재하였습니다.

(예시 1) 조원들과 협업하여 문학 작품 '***' 영어연극을 연습하여 촬영한 후 영어연극 시사회를 하고 동료평가 시간을 가짐. 연극에 등장하는 깨진 도자기를 대신하여 어떤 물건을 등장시키면 좋을지 적극적으로 아이디어를 냄. 깨진 수정테이프를 소품으로 활용해 현장에서 큰 호응을 얻음.

(예시 2) 조원들과 협업하여 문학 작품 '***' 영어연극을 연습하여 촬영한 후 영어연극 시사회를 하고 동료평가 시간을 가짐. 동료평가를 통해 우수 작품으로 선정됨. 자발적으로 동영상 편집 프로그램을 이용하여 흑백 장면 전환 효과, 목소리 변조 등 다양한 연출을 시도한 점이 인상 깊음.

영어연극 영상 학생 작품 감상하기

작품 1: https://bit.ly/영어연극1

작품 2: https://bit.ly/영어연극2

2) 수업을 위한 제언

학생들이 좋아할 수업이 무엇일까 자주 고민해봅니다. 때로는 교사가 열심히 수업을 준비했지만, 학생들은 그렇게 느끼지 못할 때가 있습니다. 그런데 학생들에게 무얼 직접 해보라고 하면 학생들은 자신이 만든 결과물에 큰 애착을 갖고, 그 수업을 오래 기억하고, '재밌었다'라고 평하는 경우가 많았습니다. 이런 이유로 중요한 단원이 끝나고 시간이 날 때마다 저는 학생들이 '직접' 무언가를 해볼 기회를 주고자 노력하고 있습니다. 물론 생활기록부에 기재할 때도 의미가 큽니다.

하지만 교실 안에서의 현실적인 문제들이 있습니다. 첫 번째로 학생들이 만든 결과물의 수준 차이가 큽니다. 많은 시간과 정성을 투자하거나, 재능이 있는 친구들은 굉장히 수준 높은 작품을 만듭니다. 또, 어떤 학생은 손이 굉장히 빨라서 다른 친구들보다 빨리 끝내고 따분해하는 표정을 짓거나 다른 친구들을 구경하며 방해합니다.

이런 저의 고민이 녹아서 학생들이 직접 만드는(핸즈 온), 결과물이 비슷한(같은 도구), 작업 속도를 향상하게 시킬 수 있는(인공지능) 것을 선택하게 되었습니다. 실례로 영어연극은 제가 학생들에게 모두 똑같은 대본을 나눠주었지만, 학생들이 만든 연극 영상 결과물은 다 달랐고, 제한된 시간 안에 못 끝낸 사람 없이 수업을 마칠 수 있었다는 점에서 참 좋았습니다.

특히 타입캐스트 스토리는 영어연극뿐만 아니라 다양한 교과에서, 고등학교뿐만 아니라 초, 중등학교에서도 이 앱을 유용하게 사용하실 수 있으리라고 기대합니다. 다양한 발표수업에 활용해 보시면 좋을 것 같습니다.

memo

4. 오토드로우를 활용한
비주얼씽킹 수업

들어가며

올해 처음 인문계 고등학교로 오게 되어 어떤 수업을 해야 할지 고민이 많았습니다. 학기 초 학생들에게 기술·가정 교과의 인식을 알아보고자 설문조사를 실시했고, 그 답변을 하나씩 읽으며 제 교육에 대한 방향을 다시 한 번 세워보았습니다.

수업에서 학생들과 삶에 대한 진지한 고민을 나누고 싶었고, 생활에 필요한 역량과 태도를 길러주고 싶었고, 변화하는 사회의 흐름에 적응할 수 있도록 돕고 싶었습니다. 저의 고민을 수업에 모두 녹아낼 순 없었지만, 그 시작이 되었음은 분명합니다.

새로운 경험을 즐거워하고, 호기심을 보인 학생들을 보며 교사로서 보람을 느낍니다. 그리고 이러한 경험을 여러 선생님과 공유하고 싶어 대단할 것 없이 소박한 제 수업을 설명하고자 합니다. 덧붙여 제 수업이 누군가에게는 용기가 되길 진심으로 바랍니다.

04

오토드로우를 활용한 비주얼씽킹 수업

01. 오토드로우를 활용한 비주얼씽킹 수업

1) 수업 개요

수업 제목	오토드로우를 활용한 비주얼씽킹 수업	수업 대상	고등학교 1학년
수업 교과 및 단원	기술·가정 Ⅳ. 기술시스템 07. 첨단 기술의 세계 1. 기술의 발달과 제품의 변화 2. 첨단 제조 기술의 세계		
사용 도구	오토드로우, 패들렛		
수업 의도	본 수업은 고등학교 1학년 여학생들을 대상으로 한 기술 수업입니다. 학기 초 설문조사에서 기술 영역이 가정 영역보다 선호가 낮은 편이었기에, 기술 수업에서는 학생들이 최대한 흥미를 느끼고, 생활에서 쉽게 접할 수 있는 내용을 수업 주제로 다뤄왔습니다. 이번 차시 수업에서는 인공지능 기반 드로잉 툴인 '오토드로우'를 소개하여 학생들에게 새로운 경험을 제공하고, 학생들의 생각을 쉽게 표현할 수 있도록 수업을 계획했습니다.		
차시 내용	1차시	오토드로우 사용법 익히기(주제: 미래의 스마트폰 발전 방향 예측하기)	
	2차시	오토드로우 활용하기(주제: 가정생활에 도움을 주는 지능형 로봇 구상하기)	

02. 오토드로우 사용법 익히기

1) 수업 개요

학습 목표	1. 오토드로우의 사용 방법을 익혀 활용할 수 있다.	
	2. 스마트폰의 발전 방향을 예측하여 오토드로우로 표현할 수 있다.	
수업 도구	스마트폰(또는 태블릿), 패들렛	
차시 내용	활동1	오토드로우 소개하기
	활동2	스마트폰의 발전 방향(디스플레이, 기능, 디자인) 예측하기
	활동3	오토드로우를 활용하여 간단한 그림으로 표현하고 설명하기
	활동4	완성된 작품을 패들렛에 업로드하고 감상하기

활동1은 오토드로우를 소개하며 인공지능 기반 드로잉 툴을 이해하는 단계입니다. 이때, 퀵드로우를 함께 소개하면 좋습니다. 학생들이 그림을 그리고 인공지능이 이를 맞추는 일종의 게임을 통해 학생들은 즐거움을 느낍니다. 또한, 어떤 학생들은 이 툴의 원리에 대해 호기심을 가지기도 합니다.

활동2는 첨단 기술의 세계 단원에서 기술의 발달과 제품의 변화에 대한 이론 수업입니다. 현재 사용하고 있는 스마트폰이 앞으로 어떻게 발전할지 디스플레이, 기능, 디자인 측면에서 예측해봅니다.

활동3은 오토드로우를 실제로 사용해보는 단계입니다. 스마트폰으로도 이용할 수 있지만 그림을 그리기에는 화면이 작아 학생들이 어려움을 느낍니다. 따라서 최적의 작업 환경은 태블릿PC 와 전용 펜을 이용하는 것입니다.

아래의 사진은 실제 학생들이 작업한 결과물입니다. 학교에 학생용 태블릿PC가 마련되어 있지 않아 어떤 학생들은 스마트폰으로, 어떤 학생들은 개인용 태블릿PC를 이용했습니다.

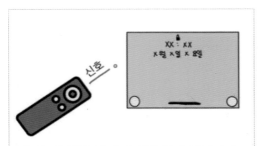

리모콘을 통해 공간의 제약 없이 어디서나 홀로그램으로 스마트폰을 작동시키고, 간편하게 조작할 수 있다.

[그림 2-4-1]

화면의 10% 이상의 액정이 깨지면 스스로 액정을 교체 해주는 장치로 부상을 예방 할 수 있다

[그림 2-4-2]

휴대폰에 있는 사진을
누르면 홀로그램으로 보여준다

[그림 2-4-3]

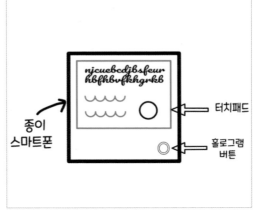

[그림 2-4-4]

휴대폰 화면 이미지
가 3D로 나온다

[그림 2-4-5]

손의 열기로 충전 됨

[그림 2-4-6]

기능:여행 갔던 곳이나 사진 첩에 있는 것
들을 홀로그램을 통해서 다시 그 상황을 느
낄 수 있게 할 수 있다

[그림 2-4-7]

핸드폰을 몸에 대면 어디가 아픈지 병명을
알려준다

[그림 2-4-8]

활동4는 학생들의 결과물을 패들렛에 업로드하고 감상하는 단계입니다. 패들렛을 활용하면 스마트기기로 작업한 결과물을 쉽게 업로드할 수 있습니다. 또한, 별도의 준비과정 없이 화면에 띄운 후 발표 자료로 활용할 수 있습니다. 특히, 학급별 패들렛을 만들어 활동 수업의 결과물을 차곡차곡 업로드하면 학생 포트폴리오로 활용할 수 있습니다.

[그림 2-4-9]

03. 오토드로우 활용하기

1) 수업 개요

학습 목표	1. 로봇의 구성요소 다섯 가지를 이해할 수 있다. 2. 가정생활에 도움을 주는 지능형 로봇을 구상할 수 있다.	
수업 도구	스마트폰(또는 태블릿), 패들렛	
차시 내용	활동1	로봇의 다섯 가지 구성요소 이해하기
	활동2	가정생활에 도움을 주는 지능형 로봇 구상하기
	활동3	오토드로우를 활용하여 로봇 디자인하기
	활동4	완성된 작품을 패들렛에 업로드하고 감상하기

활동1은 첨단 제조 기술의 세계 단원에서 메커트로닉스와 로봇 기술에 대한 이론 수업입니다. 로봇의 구성요소인 전원장치, 액추에이터, 통신장치, 제어장치, 센서 장치의 기능과 역할을 이해합니다.

활동2는 '가정생활에 도움을 주는 지능형 로봇 구상하기'를 주제로 모둠활동을 진행합니다. 지능형 로봇을 새롭게 구상하고, 구성요소들의 기능을 적용하여 설명함으로써 이론 수업의 내용을 다시 한번 점검할 수 있습니다. 또한, 모둠활동 과정에서 자연스럽게 또래 학습이 이루어져 학생들이 쉽게 이해하는 모습을 확인하게 됩니다.

활동3은 오토드로우를 활용하여 구상한 로봇을 디자인하는 단계입니다. 1차시 수업에서 이미 오토드로우를 활용해보았기에 훨씬 빠르고 수월하게 작업할 수 있습니다. 또, 오토드로우로 기본적인 디자인을 한 후 다른 드로잉 애플리케이션을 이용해 작품을 보완하는 학생들도 있었습니다. 아래의 예시는 주로 오토드로우를 이용한 학생들의 결과물입니다.

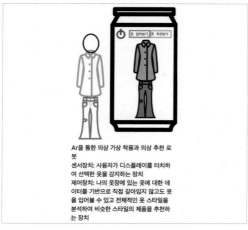

[그림 2-4-10]

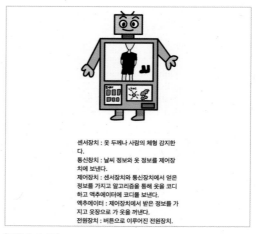

[그림 2-4-11]

전원장치
액추에이터
센서장치
통신장치

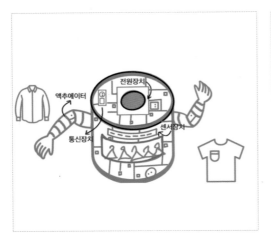

[그림 2-4-12]

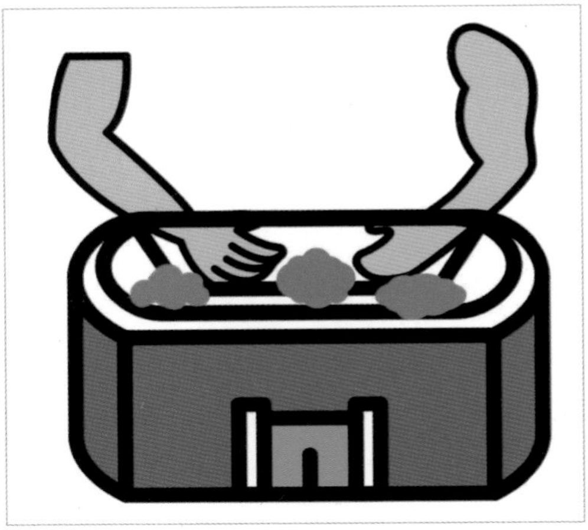

[그림 2-4-13]

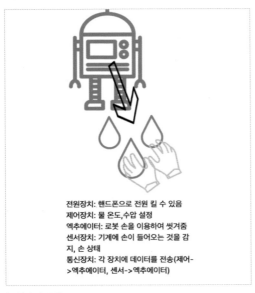

전원장치: 핸드폰으로 전원 킬 수 있음
제어장치: 물 온도,수압 설정
액추에이터: 로봇 손을 이용하여 씻겨줌
센서장치: 기계에 손이 들어오는 것을 감지, 손 상태
통신장치: 각 장치에 데이터를 전송(제어->액추에이터, 센서->액추에이터)

[그림 2-4-14]

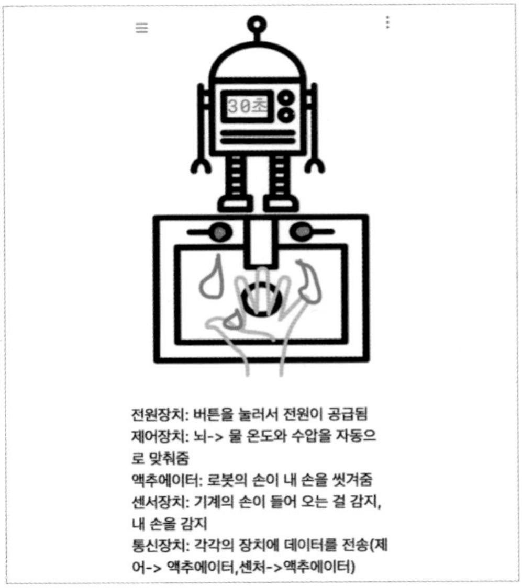

30초
전원장치: 버튼을 눌러서 전원이 공급됨
제어장치: 뇌-> 물 온도와 수압을 자동으로 맞춰줌
액추에이터: 로봇의 손이 내 손을 씻겨줌
센서장치: 기계의 손이 들어 오는 걸 감지, 내 손을 감지
통신장치: 각각의 장치에 데이터를 전송(제어-> 액추에이터,센처->액추에이터)

[그림 2-4-15]

활동4는 학생들의 결과물을 패들렛에 업로드하고 감상하는 단계입니다.

2) 수업에 대한 학생들의 피드백

오토드로우를 수업에 사용해본 학생들은 다음과 같은 피드백을 남겼습니다. 물론, 오토드로우가 완벽한 도구는 아니지만, 학생들이 쉽게 표현할 수 있도록 도와줍니다. 아래의 피드백을 참고하고, 직접 사용해보는 경험을 통해 수업 또는 다양한 교육 활동에 적절히 활용하시길 바랍니다.

Q. 오토드로우 툴을 사용했을 때 불편한 점, 개선해야 할 점은 무엇인가요?

"내가 원하는 대로 안 그려질 때가 있었다."

"지우개 기능이 없어서 흰색으로 설정한 그리기로 지워야 해서 불편하다.

색상이 다양하지 않다."

"오토드로우 툴을 휴대폰으로 사용하면 터치 인식이 잘 안 되는 등 조작감이 안 좋아 답답한 적이
있었다. 또, 여러 차례에 걸쳐 그려야 하는 것들은 오토드로우 기능이 가끔 작동하지 않아 불편함
을 겪기도 했다."

"화면 영역이 한정되어 있어 줌, 아웃을 할 수 없다."

Q. 오토드로우 툴을 사용했을 때 편리한 점은 무엇인가요?

"그리기 복잡한 그림을 자신이 그렸을 때보다 깔끔하고 예쁜 것으로 가져올 수 있어 편리하다."

"그림을 잘 못 그려도 형태만 비슷하게 그리면 추천해줘서 좋다."

"원하던 이미지를 바로 찾고 그림을 잘 그리지 못하는데 알아서 그려줘서 편리했다."

"표현하기 어려운 사물을 그려야 할 때 혹은 신속하지만, 디테일한 그림을 그릴 때 간편하게 사용
할 수 있다."

"대충 그려도 원하는 대로 그릴 수 있어서 좋았다."

Q. 오토드로우 툴을 어디에 활용할 수 있을까요?

"이야기를 바탕으로 만화책이나 그림책의 그림 표현을 할 수 있다."

"그림 그리기, 디자인, 마인드맵"

"빠르게 스케치하고 싶을 때"

"설계도나 표지판 그림 같이 단순화된 양식이 필요한 그림을 그릴 때 사용하면 좋을 것이다."

memo

5. 소리와 추상
Seeing Music 활용 수업

들어가며

"있잖아, 너는 소리를 볼 수 있다고 생각해?"

칠판에 전날 미리 적어둔 이 문장에 대해 여덟 살 아이들은 당연히 그럴수 없다고 말했다. 선생님은 그것도 모르냐며 소리는 듣는 거지, 보는 게 아니라고 오히려 내게 또박또박 설명하는 아이도 있었다. 그렇다. 아이들은 선생님이 정말 엉뚱한 질문을 하고 있다고 그런 눈으로 나를 바라보았다.

(2021. 12. 9. 교사의 수업기록 중에서)

소리와 추상

01. Seeing Music 활용 수업을 준비하며

나이가 어린 아이들일수록 글자보다 그림이 더 익숙하며 그들은 그림 그리기에 흔히 열중하는 모습을 자주 보입니다. 그래서 그림 그리는 것을 글자 쓰는 일보다 쉽고 즐겁게 하는 것처럼 보이지만 막상 교실 안에서 아이들은 그리기에 자유롭지 못하다는 것을 발견하게 됩니다.

먼저, 손가락 소근육의 발달이 아직 완전하지 않아 반듯한 선을 그리는 일도 잘되지 않습니다. 그리고 아이가 자신이 그린 책상은 자신의 눈앞에 보이는 책상과는 매우 다르다며 자신의 그림이 잘못되었다고 느끼고 그림을 숨기기도 합니다. 이는 아동미술의 발달 단계상[3] 당연한 갈등 상황입니다. 하지만 결국 이러한 실패를 자각한 아이들은 그림 그리기에 더는 적극적이지 않게 되며 빈 종이의 구석에 작게 혹은 흐리게 끄적이거나 아니면 아예 그림 그리기를 거부하게 됩니다.

그러나 아시다시피 미술은, 예술은 극히 주관적인 영역입니다. 사실적 모사만이 예술을 이루고 있지 않습니다. 오히려 주관적이고 개인적인 생각이나 감정을 얼마나 독창적으로 표현하는가가 예술의 가장 중요한 부분일 것입니다. 그런 측면에서 '추상회화' 영역은 저학년 아이들에게도 어렵지 않게 지도할 수 있는 영역이며, 묘사의 버거움에서 벗어나 마음껏 자유롭게 표현해볼 수 있

---

3) Lowenfeld의 아동미술 발달단계 중 도식기(Schematic stage)와 또래집단기(Gang stage) 사이에 해당함.

는 경험을 제공할 수 있다는 점에서 긍정적인 미술 활동 분야라고 생각합니다.

1학년 통합교과 '여름' 교과서에 제시된 활동 중에 '추상' 표현에 관한 활동 내용이 있습니다. 교과서 98~99쪽에 실린 내용을 살펴보면 '여름날'이라는 곡을 듣고 감상한 것을 색, 선, 형으로 표현하게 되어 있습니다.

[그림 2-5-1] 1학년 통합교과 '여름'의 해당 장면

하지만 이 활동을 실제 해보면 다수의 아이는 '여름날' 노래의 가사에 나오는 장면을 그리려고 애씁니다. 노래를 듣고 난 감상을 색, 선, 형으로 나타낸다는 게 아직 아이들은 무슨 뜻인지 이해하기 어려운 것 같습니다. 다양한 선과 색, 모양 등을 예시로 보이며 이야기를 이미 나누어 봤지만, 뜻대로 잘 되진 않습니다. 선생님은 마음껏 느끼는 대로 색을 골라잡아 그려보라고 하는데 아이들은 어색해서 쭈뼛거리다가 노래는 끝나고 맙니다.

"아이들이 더 쉽게 느낌을 감각적으로 표현할 수는 없을까?"

지금부터 이 질문에 대한 답을 구하며 AI 프로그램을 활용하여 진행했던 수업 사례를 살펴보겠습니다.

02. 소리와 추상 수업 요약

1) 수업 아이디어와 흐름

사용한 AI 도구: Seeing Music

수업 대상: 초등 1학년

수업 흐름

교사의 생각	수업의 흐름
어떻게 시작하면 좋을까?	Q. 소리를 눈으로 볼 수 있을까?
↓	↓
AI 프로그램을 보여주고 살펴봐야지.	Seeing Music 프로그램 탐색하기
↓	↓
소리의 시각화 방법을 연습해야지.	아이들에게 친숙한 곡을 골라 시각화 표현 연습하기
↓	↓
이제 작품을 만들어 보자!	음악적 요소가 풍부한 곡으로 소리의 추상 표현하기
↓	↓
서로의 작품 감상을 나누면서 마무리하기	서로의 작품을 보고 생각이나 느낌 말하기

2) 수업 개요

수업 주제	소리를 눈으로 볼 수 있을까?			
학습 목표	음악을 감상하고 그 느낌을 선, 형, 색으로 다양하게 표현할 수 있다.			
단계		차시	활동 내용	준비물
도입	동기 유발	1/6	■ 질문하기 – 소리를 눈으로 볼 수 있을까? 하는 질문에 답하기	PC, 마이크, 프로젝터, 음원
	활동 1		■ Seeing Music 소개하기 – 소리를 눈으로 볼 수 있도록 도와주는 AI 프로그램 알려주기 – 다양한 시각화 방법 보여주기 – 학생들이 직접 체험하기	
전개	활동 2	2~3/6	■ 곡1을 듣고 선, 색, 형으로 표현 연습하기 – Seeing Music이 변환하는 화면 감상하기 – 곡을 들으며 종이에 표현해보기	A4 종이, 색연필, 사인펜
	활동 3	4~5/6	■ 곡2를 듣고 선, 색, 형으로 표현하기 – 물감으로 표현하기 – 유성펜으로 표현하기	4절 박스 종이, 수채물감, 큰 붓, 유성펜
정리	마무리	6/6	■ 작품 발표하고 감상하기 – 개인 작품 전시하기 – 감상하며 느낀 점 말하기	스티커

03. 수업 경험 나누기

　이 수업은 제가 지도하는 1학년 학생 15명을 대상으로 총 6시간에 걸쳐 진행되었습니다. 평소 그림 그리는 것을 좋아하고 표현력이 좋은 아이들이 몇 명 있었지만 앞서 이야기했던 것처럼 자신의 느낌을 자유롭게 표현하기 어려워하는 아이들도 상당했습니다. 그래서 그 답답한 마음을 깨치고 자유로운 표현 활동의 즐거움을 느끼게 해주고 싶었던 게 저의 가장 큰 목표였습니다. 물론 이 활동에 새로운 AI 프로그램을 경험시켜 주고 싶은 목적도 있었습니다.

1) 1차시 수업

　수업하기로 계획한 전날, 저는 칠판에 질문을 하나 적었습니다.

"있잖아, 너는 소리를 눈으로 볼 수 있다고 생각해?"

　다음 날 교실에서 만난 아이들은 매우 궁금한 눈빛으로 저를 만났습니다. 선생님은 저걸 왜 적었는지 꽤 궁금했던 모양입니다. 저는 우리가 오늘 같이 나눠 볼 이야기이니 각자 답을 생각해보게 한 뒤 수업을 시작하였습니다. 질문에 대한 답은 이러했습니다.

"선생님, 소리는 듣는 거지요."
"선생님! 소리는 우리가 귀로 들어요."

　저는 또 질문을 던지며 우리의 대화는 이렇게 진행되었습니다.

"여러분, 그렇다면 소리를 듣지 못하는 사람은 어떡하지요?"

"선생님, 소리를 보여줘요."

"소리를 어떻게 보여줄 수 있을까요?"

그랬더니 아이들은 잠시 고민에 빠집니다. 그래서 제가

"얘들아, 소리를 우리가 눈으로 볼 수 있게 보여주는 AI 프로그램이 있대. 어떻게 하는지 한 번 알아볼까?"

하고 말했더니 아이들 모두 큰 소리로 호응하였습니다.

교사용 컴퓨터에 연결된 프로젝션 TV를 켜고 함께 'Seeing Music' 프로그램 화면을 살펴보았습니다. 이때 저는 마이크가 달린 헤드셋을 쓰고 학생들에게 설명하며 화면을 보여줬습니다. 목소리를 작게, 크게 바꿔가며 변하는 화면의 모습을 살펴보게 하였습니다. 예시 음원들을 사용하며 다양한 시각화 방법들을 모두 확인하였답니다. 그리고 희망하는 아이들이 나와 헤드셋에 달린 마이크에 대고 여러 소리를 내보았습니다. 바람 소리를 흉내 내거나, 크게 악을 질러 보기도 하고, 반갑게 인사를 해보는 아이, 닭 울음소리를 흉내 내는 등 모두가 즐겁게 TV 화면에 그려지는 다양한 시각화 방법들을 눈으로 관찰하였습니다.

이렇게 한 시간을 마무리하며 다음 시간을 예고했습니다.

"이번엔 우리가 바로 이 인공지능 프로그램이 되어 보는 건 어떨까요? 다음 시간에는 우리가 좋

아하는 노래를 들으며 씨잉 뮤직처럼 종이에 그림을 그려보는 거예요."

쉬는 시간 동안 아이들이 이렇게나 빨리 각자의 준비물을 챙기고 수업을 어서 시작하면 좋겠다는 신호를 제게 보낸 적은 오랜만이었던 것 같습니다.

2) 2~3차시 수업

저희 반 아이들이 가장 좋아하는 곡인 '문어의 꿈'(노래 안예은)을 선택해 들어보며 그려보기로 했습니다. 친숙한 곡을 새롭게 보는 방식을 경험한다면 아이들에게 흥미를 더 유발할 수 있을 거라고 생각했기 때문입니다. 이번 활동 순서는 이렇습니다.

① 씨잉 뮤직으로 '문어의 꿈' 감상하기
② 내가 표현하는 '문어의 꿈' 1차 시도
③ 2차 시도

1차 시도 후 재시도를 하게 된 건 우선 아이들이 원하기도 했지만, 교사로서도 앞에서 표현한 방법 외에 다르게 표현해본다면 어떨지 아이들에게 권했던 결과입니다. 처음엔 익숙하지 않아 쭈뼛거리느라 시간이 지나갔다면, 두 번째는 좀 다를 거라고 우리 모두 생각했기 때문입니다.

[그림 2-5-2]

[그림 2-5-3]

[그림 2-5-4]

[그림 2-5-5]

〈활동 2〉학생 활동 모습

〈활동 2〉에서 아이들의 작품을 보면 소리의 높낮이, 크기 등을 곡의 진행에 따라 각자의 다양한 방법으로 표현하고 있음을 확인할 수 있습니다. 씨잉 뮤직을 각자 열심히 탐색한 결과, 프로그램에서 본 방식을 재현하려 애쓰는 모습도 보였습니다. 그리고 재시도를 하며 대체로 점차 다양하고 과감한 움직임이 느껴지는데 여러분도 보이시나요?

〈1차 시도〉 〈2차 시도〉

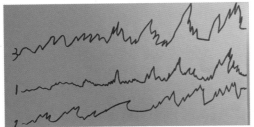

[그림 2-5-6]

[그림 2-5-7]

[그림 2-5-8]

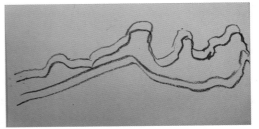

[그림 2-5-9]

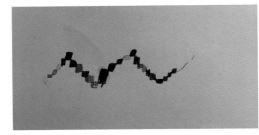

[그림 2-5-10]

[그림 2-5-11]

[그림 2-5-12]

[그림 2-5-13]

〈활동 2〉 학생 네 명의 1~2차 시도 결과

3) 4~5차시 수업

3차시 수업까지 마친 다음 수업 재료 등을 준비하며 일주일의 시간을 보내고 나머지 활동을 이어 나갔습니다. 저학년 아이들에게 수채물감을 사용하게 하는 일은 준비물도 많고 주의시킬 일들도 많아 교사에게 마음의 준비가 필요한 것도 사실입니다.

저희 반 아이들에게 활동성과 과감성을 주기 위해 종이는 책상을 다 가릴 만한 크기의 박스 종이를 준비했고, 넓적하고 커다란 붓을 포함하여 다양한 크기의 붓을 준비했습니다. 여기에서 박스 종이를 사용한 이유는 낯선 경험을 주기 위함입니다. 일반 그리기용 종이가 아닌 박스 종이에 그림을 그린다는 자체가 재미있고, 같은 채색 재료를 사용해도 느껴지는 질감과 색감이 달라지기 때문입니다. 그리고 종이의 크기가 커지면 아이들은 먼저 당황하거나 약간의 겁을 내기도 합니다. 그래서 촉이 비교적 얇은 사인펜이나 색연필로 활동하지 않고 수채물감 더하기 넓고 큰 붓을 사용하게 했습니다.

〈활동 3〉에 적용한 음악은 차이콥스키의 '백조의 호수' 중 '정경'이었습니다. 이 곡은 서정적이기도 하지만 음악의 세기, 크기, 높낮이 등의 변주가 상당히 있어 곡을 들으며 다양한 느낌의 시각적 표현이 가능하다고 판단했기 때문입니다. 이 곡을 같이 들으며 아이들은 어떻게 그림으로 표현할지 정말 궁금해지는 순간이었습니다. 활동 순서는 다음과 같습니다.

① '백조의 호수' 중 '정경' 듣기
② 떠오르는 색의 물감으로 바탕 전체에 표현하기
③ 그 위에 유성펜으로 씨잉 뮤직처럼 곡을 표현하기

[그림 2-5-14]

[그림 2-5-15]

[그림 2-5-16]

[그림 2-5-17]

〈활동 3〉 학생 활동 모습

　이때 아이들의 개성이 가장 잘 드러났고, 즐겁게 활동한 순서는 ②번이었습니다. 15명 아이의 색깔이 잘 드러난 바탕이 완성된 순간이었습니다. 아이들은 자신이 고른 물감을 그대로 혹은 섞어가며 나름의 이야기를 색으로 그렸던 것 같습니다. 종이 위에 번지는 물감을 감상하기도 하고, 여러 색을 묽게 혹은 진하게 칠하며 즐거워하는 모습이 지금도 눈에 선합니다. 곡을 들으며 자유롭게 펼친 그림은 우주가 되었다는 아이, 아프리카 사막 같다며 아이들은 서로 이야기하기 바빴답니다.

다음은 바탕이 마르기를 기다렸다가 다시 곡을 들으며 유성펜으로 곡을 표현해보았습니다. 앞서 연습했던 경험이 있어서 대다수의 아이들이 주저하지 않고 과감히 표현 활동에 참여했습니다. 이 모습만 보아도 교사로서 참 뿌듯하였습니다.

4) 6차시 수업

마무리 활동으로 각자 완성된 작품을 들고나와 친구들에게 선보이고 간단한 설명을 해 보았습니다. 물론 아주 짧은 내용의 발표였지만 아이들은 서로의 작품을 관심 있게 바라보는 시간이었습니다. 그리고 갤러리 체험으로 마음에 든 친구의 작품에 스티커를 붙여주는 활동으로 최종 마무리를 하였습니다.

[그림 2-5-18]

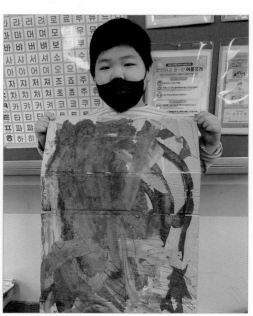

[그림 2-5-19]

마무리 발표 활동 모습

5) 수업을 위한 제언

인공지능교육은 크게 인공지능에 대한 교육, 인공지능을 활용하는 교육과 인공지능 융합 교육으로 나눌 수 있습니다. 이 수업은 인공지능을 활용한 교육에 속하면서도 그 활용 정도는 최소한으로 계획되었습니다. 우선 초등 저학년생에게 적용할 인공지능 활용 수업 수준은 어떠해야 하는가에 대한 제 나름의 대답은 주변에서 활용되는 인공지능 프로그램을 학생들에게 소개해주는 것만으로도 충분하다고 여겼기 때문입니다. 그리고 기존의 수업 활동 및 내용에 대한 학생의 이해에 도움을 줄 방안을 떠올렸습니다.

추상 표현에 대한 기존의 수업은 완성된 예시 작품을 관찰하고, 각 요소가 갖는 의미를 탐색한 뒤, 각자의 표현을 시도하게 합니다. 저학년의 경우 좀 더 표현이 자연스럽게 발현되도록 수업을 진행하고 싶었지만, 학생들의 경험이 적어 원하는대로 수업이 되기는 어려웠습니다. 그런데 '씨잉 뮤직'을 함께 탐색한 뒤 표현 활동을 해 보니 학생들의 표현에 대한 관심과 흥미, 적극성도 정말 매우 높았으며 그 결과 다양한 감상을 개성있게 표현한 작품들이 완성될 수 있었습니다.

인공지능을 활용하는 방법은 이처럼 간단하게 수업 일부에서 동기 유발을 돕거나, 수업 내용에 대한 이해를 높이기 위한 장치로 사용될 수도 있습니다. 많은 선생님들이 큰 부담감 없이 수업에 인공지능 도구를 활용해보시면 좋겠습니다.

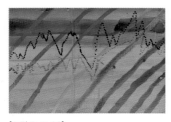 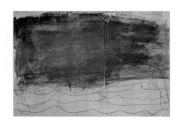 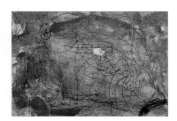

[그림 2-5-20] [그림 2-5-21] [그림 2-5-22]

[그림 2-5-23]   [그림 2-5-24]   [그림 2-5-25]

[그림 2-5-26]   [그림 2-5-27]   [그림 2-5-28]

[그림 2-5-29]   [그림 2-5-30]   [그림 2-5-31]

[그림 2-5-32]   [그림 2-5-33]   [그림 2-5-34]

'소리를 눈으로 보아요' 작품들

6. '송 메이커'를 활용한 작곡 수업

들어가며

　작곡 수업을 특별한 도구 없이 한다는 것은 어려운 일입니다. 음악 교과에 작곡과 관련된 수업 하도록 예시가 되어있지만 실제로 하기에는 교실 여건상 어려운 점이 많습니다. 악기를 다루는 데에는 익숙하지 않지만, 스마트폰이나 태블릿PC를 다루는 데에는 익숙한 요즘 아이들을 위한 작곡 도구가 있습니다. '송 메이커'를 활용하여 학생들이 직접 작곡해 볼 수 있는 수업을 소개하고자 합니다.

'송 메이커'를 활용한 작곡 수업

01. 작곡 수업

1) 수업의 개요

수업 제목	나만의 노래 작곡하기	수업 대상	6학년
교육 목표	'송 메이커'를 활용하여 작곡할 수 있다.		
사용 도구	송 메이커		
차시 내용	1차시	'송 메이커' 사용 방법 익히기	
	2차시	'송 메이커'를 활용하여 기존 곡 편곡하기	
	3차시	'송 메이커'를 활용하여 모둠별로 작곡 및 작사하기	
	4차시	'송 메이커'를 활용하여 모둠별로 작곡 및 작사하기	
	5차시	곡 발표회	

총 5차시로 구성된 이번 수업은 1, 2차시에서 '송 메이커'를 다루는 방법을 익히고 3, 4차시에 국어와 연계하여 직접 작사·작곡을 해 봅니다. 곡 발표회를 통하여 직접 만든 곡을 불러보고 학생들과 공유하는 시간을 갖습니다. 이 외에도 국어과의 영상 제작 차시와 연계하여 뮤직비디오를 만드는 수업을 하는 것도 추천합니다.

02. '송 메이커' 사용 방법 익히기

1) 수업 개요

학습 목표	'송 메이커' 앱의 사용 방법을 익힐 수 있다.		
수업자료	PC 또는 태블릿PC		
활동 내용	활동1	'송 메이커' 기본 사용 방법 익히기	
	활동2	'반짝반짝 작은 별'을 이용하여 송 메이커 사용 방법 익히기	
	활동3	도구에 익숙해지기	
교사용 컴퓨터로 보여주면서 수업을 진행하도록 합니다.			

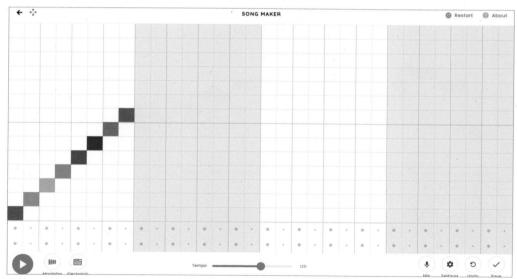

[그림 2-6-1] 송 메이커 기본활동

(1) 활동 1: '송 메이커' 기본 사용 방법 익히기

① 구글 혹은 네이버에서 '크롬 뮤직 랩' 검색하여 '크롬 뮤직 랩 접속'

② '크롬 뮤직 랩'의 두 번째 'Song Maker'를 클릭하여 접속하기

③ '송 메이커' 기본화면에 접속하여 기본 버튼 설명

④ '송 메이커' 설정 화면에 접속하여 설정 화면의 버튼 설명

⑤ '송 메이커' 기본화면으로 돌아와 '도레미파솔라시도'를 누르고 재생해보기

(2) 활동 2: '반짝반짝 작은 별'을 이용하여 송 메이커 사용 방법 익히기

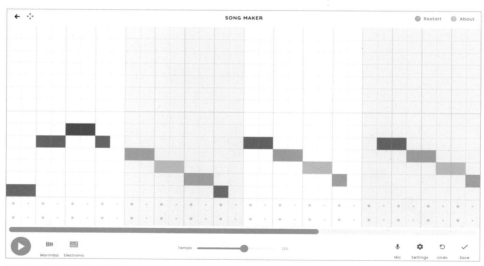

[그림 2-6-2] '반짝반짝 작은 별' 기본

① 교사와 함께 '반짝반짝 작은 별'(도도 솔솔 파라솔~)을 '송 메이커'로 만들고 재생해보기

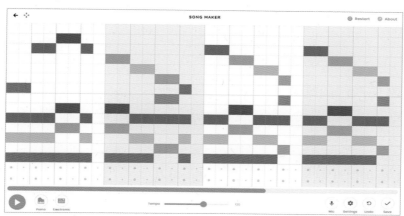

[그림 2-6-3] '반짝반짝 작은 별' 화음

② 교사와 함께 '반짝반짝 작은 별'을 위 옥타브에 나타내어보고 아래 옥타브에는 화음 반주 넣고 재생해보기

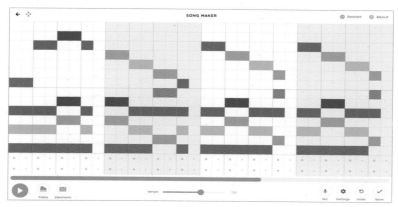

[그림 2-6-4] '반짝반짝 작은 별' 리듬

③ 교사와 함께 '①'에서 만든 '반짝반짝 작은 별'에 4/4박자 리듬(쿵 짝 짝짝)을 넣고 재생해보기

④ '③'에서 만든 노래를 다양한 악기로 바꾸고 속도도 조절해 보면서 들어보기

(3) 활동 3: 도구에 익숙해지기

남은 시간 동안 '송 메이커'를 자유롭게 다루면서 도구에 익숙해지도록 합니다.

2) 2차시 '송 메이커'를 활용하여 기존 곡 편곡하기

학습 목표	'송 메이커'를 활용하여 '구슬비'를 편곡할 수 있다.	
수업자료	PC 또는 태블릿PC	
활동 내용	활동1	'구슬비' 송 메이커에 표현해 보기
	활동2	'구슬비' 편곡하기
	활동3	편곡한 '구슬비' 공유 및 감상하기
교사용 컴퓨터로 보여주면서 수업을 진행하도록 합니다. 이 책에서는 초등학교 3학년 수록곡 '구슬비'를 기준으로 제작하였습니다.		

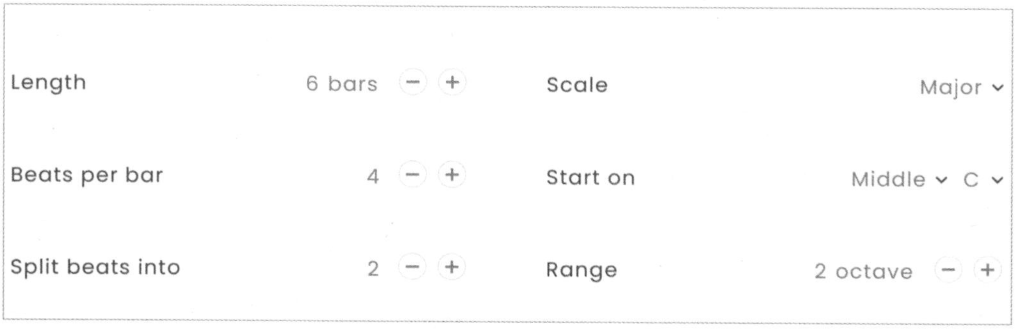

Length	6 bars − +	Scale	Major ⌄
Beats per bar	4 − +	Start on	Middle ⌄ C ⌄
Split beats into	2 − +	Range	2 octave − +

[그림 2-6-5] '구슬비' 세팅

(1) 활동 1: '구슬비' 송 메이커에 표현해 보기

① '송 메이커'에 접속하여 사용할 교과서의 곡에 알맞게 세팅에 들어가서 설정해주도록 합니다.

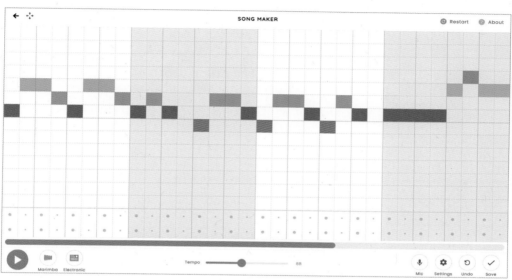

[그림 2-6-6] '구슬비' 가락

② '구슬비' 악보를 보고 계이름에 알맞게 '송 메이커'에 가락을 넣도록 합니다.

> Tip '송 메이커'의 경우 음표의 길이를 지정할 수 없습니다. 따라서 가락을 제대로 넣더라도 재생하면 어색할 수 있으므로 학생들에게 이를 안내하도록 합니다.

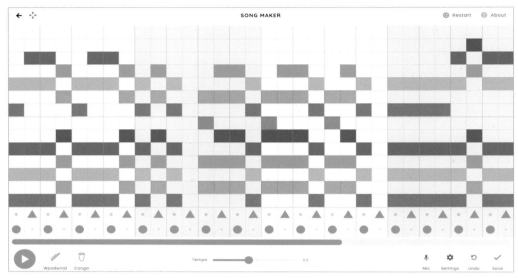

[그림 2-6-7] '구슬비' 편곡

(2) 활동 2: '구슬비' 편곡하기

'활동 1'에서 만든 악보에 다음의 활동을 하여 편곡하도록 안내합니다.

- 멜로디 위, 아래로 2~3칸 띄어 음 채우기

- 멜로디 악기 바꿔보기

- 리듬을 넣고 악기 바꿔보기

- 설정에서 'Split beats into'나 'Start on' 바꿔보기

- 아래 옥타브에 화음 넣어보기

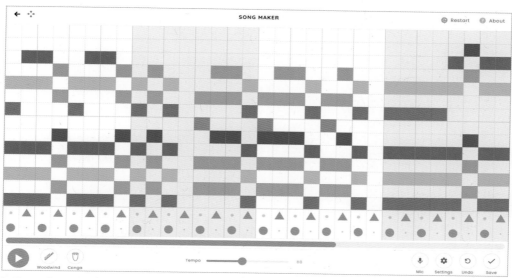

[그림 2-6-8] 페들렛 공유

(3) 활동 3: 편곡한 '구슬비' 공유 및 감상하기

'활동 2'에서 만든 악보를 저장하여 패들렛에 공유하고 학생들이 자유롭게 듣고 감상을 나누도록 합니다.

3) 3~4차시 '송 메이커'를 활용하여 모둠별로 작곡 및 작사하기

학습 목표	'송 메이커'를 활용하여 작곡 및 작사를 할 수 있다.	
수업자료	PC 또는 태블릿PC	
활동 내용	활동1	시를 쓰고 운율에 맞추어 낭독하기
	활동2	시에 맞추어 작곡하기
	활동3	작곡한 곡에 맞추어 가창 연습하기
3, 4차시 연 차시로 수업을 진행하며 첫 차시는 국어, 두 번째 차시는 음악으로 진행합니다.		

(1) 활동 1: 시를 쓰고 운율에 맞추어 낭독하기

① 국어 수업에서 주제를 정하여 시를 쓰고, 모둠별로 운율에 맞추어 낭독합니다.

② 낭독한 시 중에서 노래로 만들고 싶은 시를 하나 선정합니다.

(2) 활동 2 : 시에 맞추어 작곡하기

이 시에 맞추어 '송 메이커'를 활용하여 작곡합니다.

Tip 새로운 노래를 작곡하는 데 어려움을 겪는 모둠에는 기존 곡을 활용하여 편곡해도 된다고 안내합니다.

– 기존 곡을 편곡하여 활용하는 경우 '유튜브'에 '송 메이커'를 검색해서 나오는 악보는 활용해서는 안 된다고 안내합니다.

[그림 2-6-9] 모둠별 작곡 및 작사 활동

② '①'에서 작곡한 곡을 패들렛에 올립니다.

[그림 2-6-10] 패들렛 업로드

(3) 활동 3: 작곡 한 곡에 맞추어 가창 연습하기

패들렛에 올린 뒤 모둠별로 해당 곡의 가창 연습을 합니다.

03. 5차시 곡 발표회

1) 수업 개요

학습 목표	작곡 한 곡을 발표할 수 있다.	
수업자료	PC 또는 태블릿PC	
활동 내용	활동1	작곡 한 곡 발표하기
	활동2	감상평 나누기

[그림 1-2-6-11] 곡 발표하기

(1) 활동 1: 작곡한 곡 발표하기

모둠별로 패들렛에 올린 음악에 맞추어 노래를 가창합니다.

(2) 활동 2: 감상평 나누기

① 서로 만든 곡에 대해서 의견을 나누도록 합니다

② 간단한 소감문을 작성하여 발표하고 제출하도록 합니다.

2) 수업을 위한 제언

대부분 아이는 흥얼거리기를 좋아하고, 재미있고 기발한 가사를 기존 곡에 붙여서 번안하는 활동을 매우 즐거워합니다. 그러나 그렇게 흥얼거린 곡은 남기기 어려워 흘려보내기 쉽습니다. 국어 시간에 잘 쓴 시도 재미없게 한 번 낭독하고 넘어갑니다. 아이들이 다루기 쉬운 도구를 활용하며 작곡하고, 남길 수 있다면 그런 곡들이 흘러가지 않고 기록으로 차곡차곡 쌓이게 될 것입니다. 이 쌓인 곡들은 미래에 작곡을 본인의 꿈으로 삼는 한 아이의 중요한 포트폴리오로 남을 수 있습니다.

작곡 재능이 충분하고 흥미를 느끼는 아이이지만 여건상 악기를 배울 수 없어 재능을 꽃피우고 있지 못한 아이에게 '송 메이커'는 그 재능을 뒷받침해 주는 좋은 도구가 될 것입니다.

7. 색 속에 담은 내 감정과 느낌
- 구글 아트앤컬처를 활용한
색감을 통한 감정 교육

들어가며

모든 교육의 시작은 내가 어떤 사람인지, 내가 어떤 생각을 하고 있는지 생각하는 것에서부터 시작합니다. 생각이나 감정을 이해하고 표현하는 방법은 여러 가지가 있습니다. 국어 시간에는 언어를 이용하고 음악 시간에는 목소리나 악기로 표현하듯 미술 시간에는 색이나 형태를 통해 자신을 이해하고 표현합니다.

학생들은 아직 자아정체성이 확립되지 않은 성장기의 아이들입니다. 자기 생각을 이해하고 정리하고 표현을 풀어낼 수 있는 적절한 방법과 자료를 제공하며 자신을 알아가는 수업이 필요합니다.

구글 아트앤컬처 속의 다양한 프로그램 중 'What's your favorite color?'를 이용하여 감정과 색을 이해하고, 'Art Coloring Book'과 '오토드로우'를 통하여 표현합니다. 총 3차시에 걸쳐 이루어지는 색감과 상상화 그리기를 통합한 수업입니다. 색감과 선에 담긴 나의 감정을 파악하고 감정 표현을 하는 추상화나 상상화를 그립니다.

색 속에 담은 내 감정과 느낌

01. 수업흐름

총 3차시에 걸쳐 이루어지는 색감과 상상화 그리기를 통합한 수업입니다. 색감과 선에 담긴 나의 감정을 파악하고 감정 표현을 하는 추상화나 상상화를 그립니다.

〈차시별 수업 주제〉

1차시	'What's your favorite color?'를 통해 색별로 정리된 작품을 보고 색감에 담긴 감정 정리
2차시	'Art Coloring Book'으로 색에 감정을 담아 작품 표현
3차시	'오토드로우'로 내 감정, 머릿속의 상상 표현

'What's your favorite color?'로 색별 작품 감상하기

색에서 느껴지는 감정 정리하기

'Art Coloring Book' 기존 작품들 살펴보기

그림을 통해 표현하고자 하는 느낌을 생각하며 기존 작품을 색의 느낌을 살려 표현하기

'오토드로우' 사용법 익히기

선과 색감을 활용하여 내 감정을 품은 상상화나 추상화 그리기

02. What's your favorite color?

1) What's your favorite color로 색별 작품 감상하기

구글 아트앤컬처 중 What's your favorite color에서 색을 선택하면 선택한 색과 비슷한 색감을 가진 작품들을 한꺼번에 모아서 보여줍니다. 학생들에게 색을 보고 떠오르는 감정이나 느낌을 적으라고 할 때 막막함을 느끼지만 표현되어있는 많은 작품을 보고 적으라고 할 때 색에 대한 느낌을 각자 정리하기가 훨씬 수월하다고 하였습니다.

같은 색과 같은 작품이지만 각자 느끼는 감정이 다릅니다. 색감에 따른 나의 감정이 정리되어야 내가 표현하고자 하는 작품에 어떤 색감을 쓸 것인지 정할 수 있으니 색감을 자세히 살펴보도록 합니다.

[그림 2-7-1] 작품을 보며 색에서 느껴지는 감정 정리

2) 색에서 느껴지는 감정 정리하기

작품들을 보며 색별로 자신의 느낌과 감정을 정리합니다. 같은 색과 작품을 보고도 느낌과 감정은 학생이 제각각 다릅니다.

[그림 2-7-2] 작품을 보며 색감 정리하기

학생들은 색에 대한 느낌을 문장으로 정리하기도 하고 단어로 정리하기도 합니다.

〈색을 단어로 정리한 학생〉

분홍: 따뜻함, 가정적, 아름다움, 풍요로움   진한 파랑: 자연, 어두움

빨강: 강렬함, 정열적, 어두움   보라: 몽환, 아름다움

주황: 개성, 세월   회색: 그림자, 어두움

노랑: 밝음, 평화   흰색: 순수함, 조용함

초록: 생명, 차분함, 사색   갈색: 웅장함, 활달함, 역동적

연한 파랑: 편안, 희망   검정: 고독, 절망

〈색을 문장으로 정리한 학생〉

빨강: 화려하고 강조할 때(주로 귀족이나 왕의 느낌?)   보라: 신비로운 느낌(새벽에 해 뜰 때 바닷가에서

분홍: 조금 화사하고 온화한? 부드러운 느낌   걷는 느낌?)

남색: 분위기가 어두워지는 색

파랑: 밝고 화창한 느낌(주로 풍경화 같은?)

초록: 눈이 편해지는 색, 숲이나 여름의 푸릇푸릇
　　한 느낌을 잘 표현함.

노랑: 오후에서 저녁 사이의 느낌 연출, 화려한
　　느낌을 줄 때, 밝은 분위기를 줄 때 그런 느낌

주황: 오후의 따뜻하고 눈부신 느낌을 준다.

갈색: 집 안에 있는 것 같은 분위기, 귀족들의 그
　　림을 보면 꽤 고급스럽다.

검정: 주로 앞에 인물이나 물체를 강조해줄 때,
　　밝은 물체를 강조해줄 때 쓰이는 색 같은
　　느낌이 든다.

03. Art Coloring Book

1) Art Coloring Book 이용하여 표현하기

Art Coloring Book은 선으로만 그려져 있는 스케치에 내가 원하는 색을 채워 넣어 그림을 완성하는 컴퓨터로 하는 컬러링 북입니다. 1차시에 정리한 색에서 느껴지는 감정과 느낌을 바탕으로 색을 채워 넣어 오직 색으로만 내 감정을 표현할 수 있습니다.

완성된 작품을 친구와 함께 보면서 같은 그림이어도 색에 따라 느낌이 달라지며 사람마다 색을 보며 느끼는 감정이 다르다는 것도 알 수 있습니다.

[그림 2-7-3] 강렬하고 어두운 느낌을 표현한 학생 작품

[그림 2-7-4] 어두운 느낌의 원작과 비교하며 밝은 느낌을
표현한 학생 작품

[그림 2-7-5] 환한 색감을 써 귀여움을 표현한 학생 작품

Art Coloring Book에 색을 칠할 때 원작의 선을 따 놓은 스케치를 생각하며 색을 채워 넣는 학생도 있지만 오로지 색감만으로 색을 채워 넣는 학생도 있습니다.

왼쪽 위부터 순서대로 사 등분을 하여 색감만 활용해 자신의 내면에 있는 다양한 느낌을 표현하고 싶었다는 작품입니다.

[그림 2-7-6] 색감만으로 감정 표현을 한 학생 작품

① 핑크, 보라: 아름답고 우아한 느낌을 표현하기 위해 사용

② 빨강, 연한 빨강: 강렬함의 느낌을 주기 위해 사용

③ 파랑, 하늘: 산뜻함과 청량한 느낌을 표현하기 위해 사용

④ 주황, 노랑: 발랄함과 귀여운 느낌을 위해 사용

04. 오토드로우 감정 표현

1) 오토드로우 이용

오토드로우는 미술을 어려워하는 아이들도 쉽게 그림을 완성할 수 있게 해주는 프로그램입니다. 1차시에는 색감을 정리하였고, 2차시에는 정리한 색감을 바탕으로 색으로만 표현해 본 시간이었습니다. 3차시에는 색으로만 하는 표현을 뛰어넘어 오토드로우를 통해 나의 감정이나 상상을 백지에 표현해 보는 수업을 할 수 있습니다. 자신의 현재 감정도 좋고 재미있는 상상도 좋습니다.

2) 오토드로우로 감정 표현하기

오토드로우로 색의 느낌을 활용하여 내가 느끼는 모든 감정을 표현할 수 있습니다. 추상화 같은 그림이 나오기도 합니다. 내 감정을 그림으로 표현하고 다른 친구의 작품을 보며 친구의 감정이나 느낌을 생각해 볼 수 있는 수업도 가능합니다. 학생들은 그림이나 낙서를 좋아합니다. 이 수업이 익숙해진 아이들은 컴퓨터가 없어도 자신의 볼펜이나 색연필 등을 이용해 자신의 현재 감정을 종이에 풀어내는 것도 가능해집니다.

이 수업을 통해 감정을 정리하고 표현하는 것이 가능해지게 될 때 자신에 대한 이해도가 올라가고 자신의 감정을 알아채거나 통제할 수 있는 데에 큰 도움이 됩니다.

3) 감정 표현하는 다양한 방법들

(1) 사물을 활용한 감정 표현

색감을 통하여 자신의 느낌이나 감정을 표현하는 방법은 여러 가지가 있습니다. 그중에 주위의 사물에 감정을 이입하여 표현한 작품입니다.

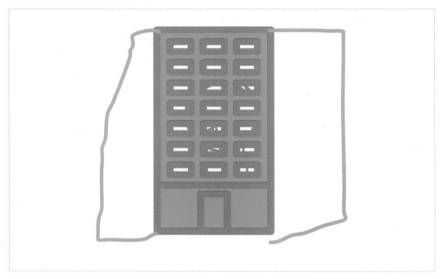

[그림 2-7-7] 무서운 영화를 본 후 느낌을 표현한 작품

이 작품은 빨간색을 무섭고 강렬하다고 느낀 학생이 그린 작품입니다. 무서운 영화를 보고 난 후 집에 들어가기 무서웠던 경험을 떠올리며 아파트에 빨간색을 이용하여 무서움을 표현합니다.

[그림 2-7-8] 졸업하기 싫은 모습을 표현한 작품

이 작품은 졸업을 앞둔 6학년 학생이 자신의 실내화, 학사모, 배움 노트를 활용하여 초등학교를 떠나야 하는 아쉬움을 표현하고 있습니다. 아쉬움도 있지만, 초등학교에 대한 따뜻한 기억이 많아서 따뜻함과 아쉬움을 캐릭터의 표정과 색으로 표현했습니다.

(2) 오토드로우로 상상 표현하기

학생들은 가끔 기발한 상상력을 이야기하기도 합니다. 그 상상력 속에서 아이들의 생각과 감정이 보이기도 하고 가끔 그 상상력에 의해 더 좋은 방향의 개선이 이루어지기도 합니다. 색감의 이해와 표현을 바탕으로 감정까지 담아 재미있는 상상화를 만들어보게 하는 수업입니다.

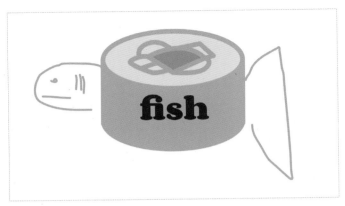

[그림 2-7-9] 통조림과 생선을 합친 학생 작품

몸통이 캔인 생선을 재미있게 표현한 작품입니다. 캔과 자연스럽게 어울리게 하려고 생선에는 강조하지 않고 회색을 사용합니다. 몸통은 깡통이라는 것을 강조하기 위해 진한 갈색을 활용하여 글자를 넣었습니다.

통조림의 색과 생선의 색, 통조림 속의 색의 조화를 생각하며 표현한 재미있는 작품입니다.

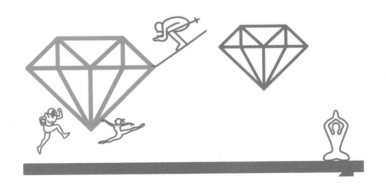

[그림 2-7-10] 다이아몬드와 운동하는 사람을 합친 작품

다이아몬드를 갖기 위해 뛰어드는 사람을 표현한 작품입니다. 다이아몬드에 파란색과 분홍색을 넣어 시원하고 특이한 느낌을 표현하고 싶었다고 합니다. 뛰어드는 사람이 스키를 타고 무용을 하며 적극적으로 움직이는 모습을 재미있게 표현한 작품입니다.

[그림 2-7-11] 사탕과 놀이동산을 합친 작품

아이들이 가장 좋아하는 놀이동산을 상상하여 표현한 작품입니다. 놀이공원에 아이들이 좋아할 사탕, 솜사탕 나무 들로 놀이공원을 표현했습니다. 놀이공원이라는 것을 표현하기 위해 따뜻하고 화려한 색감을 사용했습니다.

[그림 2-7-12] 바다와 음악을 합친 작품

난항을 겪고 있는 배 위에 풍선과 음악이 바람을 타고 흘러가는 것처럼 표현했습니다. 아무리 힘든 상황이라도 희망이 있다는 것을 말하고 싶었던 작품입니다. 마치 꿈같은 몽환적인 분위기를 주며 비록 난항이라는 절망적인 상황이지만 희망적인 분위기를 내기 위해 보라색을 사용한 따뜻한 작품입니다.

05. 수업 소감 및 제언

미술은 감정을 색이나 형태로 표현하는 과목이라고 가르칩니다. 그러나 자신의 감정이 어떤지 살펴본 적이 없고, 색이 감정을 담고 있다는 것을 이해하지 못하는 학생들이 많습니다. 그런 학생들을 위해 색에 담긴 감정을 살펴볼 수 있는 수업이 되어 미술 첫 수업으로 활용하니 다음 미술 수업들이 한결 수월해집니다.

　추상화나 상상화를 어려워하는 학생들에게 기존의 작품에 내가 느낀 색감을 바탕으로 얼마든지 다른 작품을 만들어 낼 수 있음을 느끼게 해주는 수업은 학생들이 미술을 친숙하게 느끼게 해줍니다. 감정 표현하는 것을 쑥스러워하고 어려워하는 학생들을 위해서 그날의 감정을 색으로 표현하게 하여 일일 기록지에 매일 기록하게 자신의 감정의 변화를 읽어내는 힘도 키워 줄 수 있습니다.

　또한, 교사와 학생이 상담할 때 색감을 통하여 상담하게 되면 학생의 감정을 좀 더 쉽게 볼 수 있어 상담을 위해서도 추천하는 수업입니다.

8. 인공지능을 활용한 세계시민교육

들어가며

우리는 실생활에서 인공지능을 쉽게 찾아볼 수 있습니다. 학생들에게 인공지능은 익숙하고 재미있는 것이며, 배움에 있어 좋은 도구가 됩니다. 교사들은 이러한 인공지능을 활용하여 다양한 주제의 수업에 적용할 수 있습니다.

세계시민교육은 인류 보편적 가치인 세계 평화, 환경, 문화 다양성 등을 폭넓게 이해하고 실천하는 책임 있는 시민을 양성하는 교육입니다. 세계화가 진행되면서 국가 사이의 경계는 점차 사라지고 있으며 미래사회를 이끌어 갈 학생들은 세계시민으로서의 역량을 갖춰야 할 필요성이 있습니다. 세계시민교육에는 평화, 인권, 국제협력, 문화 다양성, 환경 등의 다양한 영역이 있습니다. 그러나 학교 교육과정 속에서 세계시민교육은 아이들에게 자칫 지루하고 뻔한 교육이 될 가능성이 있습니다. 이를 보완하기 위하여 다양한 인공지능 도구를 활용하여 학생들이 세계시민교육에 더 쉽고 재미있게 참여할 수 있도록 수업을 구상하였습니다. 다양한 인공지능 도구 중 오토드로우, 구글 아트앤컬처, 송 메이커를 활용하였고, 평화와 환경과 관련된 세계시민교육을 미술, 음악, 도덕 교과와 연계하여 학생들이 효과적으로 교육 목표를 달성할 수 있도록 계획했습니다.

인공지능을 활용한 세계시민교육

01. 수업 개요

수업 제목	인공지능을 활용한 세계시민교육
교육 목표	인공지능을 활용하여 세계시민으로서 평화와 환경을 주제로 생각한 것을 표현하고 이야기 나눌 수 있다.
차시 내용	1차시 세계시민에 대해 알아보기
	2~3차시 오토드로우를 활용하여 내가 생각하는 평화 표현하기
	4~5차시 구글 아트앤컬처를 활용하여 플라스틱 미술 작품 만들기
	6~7차시 송 메이커를 활용하여 평화, 환경 노래 작사 작곡하기
	8차시 작품 공유하고 발표하기

1차시는 세계시민교육의 동기유발 단계로 먼저 세계시민이란 무엇인지 학생들이 알고 의미를 찾는 시간입니다. 다음 2~3차시는 책을 읽고 오토드로우를 활용하여 평화에 대해 생각합니다. 4~5차시는 구글 아트앤컬처를 활용하여 생활 속 플라스틱에 대해 다른 시각으로 바라보며 환경에 대해 생각합니다. 6~7차시는 송 메이커를 활용하여 앞서 배운 평화와 환경에 대한 노래를 만들고 8차시에 앞서 만든 결과물들을 공유하고 발표하며 세계시민교육을 정리하고 수업을 마무리합니다.

> **Tip** 학생들이 충분히 인공지능 도구를 다루는 연습이 선행된다면 더 완성도 있는 프로젝트 수업을 할 수 있습니다.

02. 수업 내용

1) 1차시

학습 목표	세계시민에 대하여 알 수 있다.	
수업자료	동영상, 학습지	
활동 내용	활동1	세계시민에 대해 브레인스토밍하기
	활동2	세계시민 뜻 생각해보기
	활동3	내가 생각하는 세계시민이란 무엇인지 발표하기

[그림 2-8-1] 세계시민교육 소개

[그림 2-8-2] 세계시민교육 학습지

1차시는 학생들이 세계시민이란 무엇인지 생각하며 세계시민교육에는 인권, 평화, 환경 등의 다양한 영역들이 있음을 알고, 스스로 세계시민임을 인지하고 세계시민으로서의 태도를 갖춰야 할 필요성을 느낄 수 있도록 합니다. 활동1에서는 프로젝트 수업을 위한 준비 단계로 학생들이 세계시민에 관한 브레인스토밍을 하며 자유롭게 생각을 발표합니다. 활동 2~3에서는 낱말 찾기를 통해 세계시민이 무엇인지 생각해보고, 내가 생각하는 세계시민이란 무엇인지 표현하며 세계시민에 대한 의미를 깊게 생각해봅니다.

2) 2~3차시

학습 목표		오토드로우를 활용하여 내가 생각하는 평화를 표현할 수 있다.
수업자료		그림책(평화 책), 태블릿 PC
활동 내용	활동1	평화 책 읽고 생각하기
	활동2	오토드로우로 내가 생각하는 평화 표현하기
	활동3	패들렛에 공유하기

[그림 2-8-3] 평화 책 읽어주기

세계시민교육 중 '평화'를 주제로 수업을 하기 위하여 초등학교 3학년을 대상으로 평화 책이라는 그림책을 선정하였습니다. 평화 책은 평화란 무엇인지 학생들의 수준에 맞게 글과 그림으로 소개해주며 책의 마지막에는 내가 생각하는 평화에 대하여 생각해보게 하는 그림책입니다. 간단하게 연습장에 내가 생각하는 평화는 무엇인지 생각해보고 오토드로우로 어떻게 표현할지 스케치하도록 합니다.

[그림 2-8-4] 평화 생각하기

오토드로우는 내가 그리고 싶은 그림을 간단히 그리면 완성된 그림으로 바꿔주는 인공지능으로 그림 그리는 것을 어려워하는 학생들도 자신 있게 생각을 표현할 수 있습니다.

[그림 2-8-5] 오토드로우 평화 학생 작품

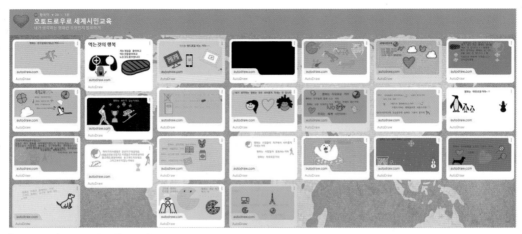

[그림 2-8-6] 오토드로우 평화 작품 패들렛 공유

학생들은 오토드로우를 통해 자신이 생각하는 평화를 표현해보고 완성된 작품을 패들렛에 공유[4] 합니다.

3) 4~5차시

학습 목표	구글 아트앤컬처 아트 트랜스퍼(Art Transfer)를 활용하여 플라스틱 재활용품을 미술 작품으로 만들 수 있다.	
수업자료	동영상, 스마트폰, 플라스틱 재활용품	
활동 내용	활동1	플라스틱 환경 문제 인식하기
	활동2	플라스틱 재활용품을 촬영하여 미술 작품으로 만들기
	활동3	패들렛에 공유하기

---

4) 오토드로우 학생 결과물 https://bit.ly/3p6C6p9

4차시는 플라스틱 환경 문제를 다룬 동영상을 시청한 후 학습지를 통해 하루 동안 사용한 플라스틱의 종류와 양에 대해 생각합니다. 생활 속에서 우리가 얼마나 많은 플라스틱을 사용하고 있는지, 그 플라스틱이 우리 환경에 어떤 영향을 주고 있는지에 대한 문제를 인식합니다.

[그림 2-8-7] 플라스틱 문제 인식

[그림 2-8-8] 하루 동안 사용한 플라스틱 생각하기

5차시에서는 구글 아트앤컬처 기능 중 아트 트랜스퍼(Art Transfer)를 활용합니다. 아트 트랜스퍼는 찍은 사진을 예술작품 스타일로 바꿔주는 인공지능입니다.

[그림 2-8-9] 플라스틱 재활용품 촬영

학생들은 플라스틱 재활용품을 촬영하고 미술 작품으로 만드는 과정에서 플라스틱을 다른 시각으로 바라보는 경험을 하게 됩니다.

[그림 2-8-10] 플라스틱 미술 작품

미술 교과와 연계하여 직접 찍은 플라스틱 재활용품의 미술 작품 중 마음에 드는 작품을 선택하고 패들렛에 공유하여 전시를 준비합니다.

Tip 아트 트랜스퍼 기능은 태블릿 PC에서는 사용할 수 없어서 사용 가능한 학생들의 스마트폰을 이용했습니다. 수업 전 미리 앱을 준비할 수 있도록 합니다.

4) 6~7차시

학습 목표	송 메이커를 활용하여 평화, 환경 노래를 만들 수 있다.	
수업자료	태블릿 PC, 화이트보드 판	
활동 내용	활동1	송 메이커로 작곡하기
	활동2	평화와 환경에 관련된 가사 만들기
	활동3	만든 노래 연습하기

이 차시에서는 학생들이 모둠별로 송 메이커를 활용하여 평화와 환경에 대한 노래를 만듭니다. 송 메이커는 학생들이 쉬운 조작으로 곡을 만들 수 있는 인공지능입니다.

[그림 2-8-11] 송 메이커 작사 작곡 활동

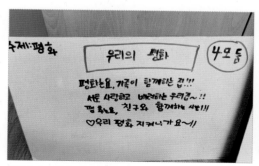
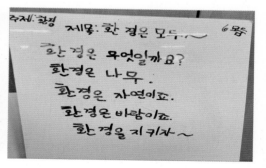

[그림 2-8-12] 송 메이커 작사 결과

모둠에서 작곡한 노래를 하나 선택한 후 노래에 맞춰 화이트보드 판에 평화와 환경과 관련된 가사를 적습니다. 남은 시간 동안 노래를 연습하며 발표 준비를 합니다.

5) 8차시

학습 목표	작품 공유하고 발표하기	
수업자료	학생 작품, 학습지	
활동 내용	활동1	만든 작품 감상하기
	활동2	만든 노래 발표하기
	활동3	실천 계획 세우기

이 차시는 프로젝트 수업을 통해 배운 내용과 만든 작품을 발표하고 공유하는 시간입니다.

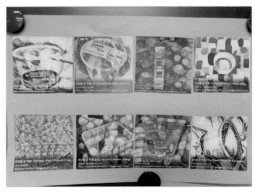
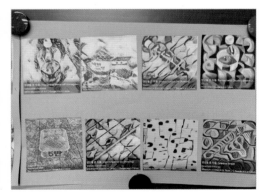

[그림 2-8-13] 플라스틱 미술 작품 전시

[그림 2-8-14] 만든 노래 발표하기

활동 1~2에서는 프로젝트 수업 결과물인 미술 작품을 전시, 감상하고, 만든 노래를 발표하며 이에 대한 생각을 나눕니다.

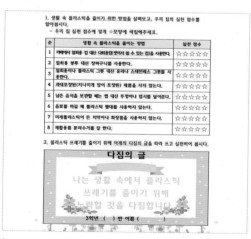

[그림 2-8-15] 실천 계획 세우기

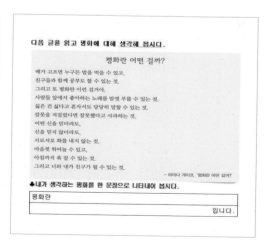

활동3에서는 프로젝트 수업을 정리하며 앞으로 세계시민으로서의 실천 계획을 세우고 생활화하며 수업을 마무리합니다.

6) 수업 소감 및 제언

수업하며 매번 느끼는 것은 인공지능을 활용하면 학생들이 수업에 흥미를 느끼고 적극적으로 참여한다는 점입니다. 학생들은 인공지능 도구를 배우고 활용하는 데 능숙하며 과정 자체에 즐거움을 느낍니다. 학생들의 흥미와 적극적인 태도는 수업 목표를 달성하는 데 많은 도움을 줍니다.

세계시민교육은 제 학교 특색교육이며 학기 초부터 이를 어떻게 교육할 것인가 고민이 많았습니다. 초등학교 3학년 학생들 특성을 고려하여 학생들의 참여와 집중도를 높이고 더 재미있는 세계시민교육을 할 수 있도록 인공지능을 활용하고자 하였습니다. 세계시민교육은 여러 교과와의 연관성이 많고 범위도 넓어서 다양한 영역에서 활용할 수 있습니다. 인권, 문화 다양성, 국제협력 등의 주제나 사회, 도덕, 음악, 미술 등의 교과에서 인공지능을 활용한 수업을 할 수 있을 것입니다.

인공지능을 활용한 세계시민교육 수업 과정에서의 결과물은 패들렛에 공유[5]되어 있습니다.

---

5) 프로젝트 학생 결과물 https://bit.ly/34N80Q1

memo

9. 과학 진로 체험관 만들기
- 코스페이시스(Cospaces)를 활용한 중등 과학·진로 수업

들어가며

메타버스 세계로의 공간 확장은 소통 방법과 삶의 양식을 바꿔놓고 있습니다. 가상 공간에서 미술 전시회가 개최되고, 유명 가수의 콘서트가 메타버스 게임 공간에서 진행되었는데 오프라인 콘서트의 몇 배의 수익을 올렸다는 기사도 볼 수 있습니다. 이러한 변화의 흐름을 교육에 녹여낼 방법을 모색해 봅니다.

과학 진로 체험관 만들기

01. 과학과 메타버스의 만남

1) 수업 제목

우리 학교 과학 진로 체험관 만들기

가상 공간을 이용하면 수업 시간에 제작한 산출물(수업 관련 포스터, 동영상, 문서 등)을 시간과 장소의 제약 없이 정보를 효율적으로 전달할 수 있는 전시관을 제작할 수 있습니다.

2) 과학 교과 활용 팁

인공지능 툴을 어떤 방법으로 활용하는지에 따라 다양한 교수-학습 방법 구상이 가능하며 교과서에 나오는 사고실험도 메타버스 공간에 실험을 설계하여 직접 시연할 수 있습니다. 규모가 큰 천체의 움직임이나, 행성의 운동 등을 데이터를 입력하여 보여줄 수 있으며 실험실 공간에서 하기 힘든 실험도 진행할 수 있습니다.

3) 메타버스 활용 수업 구상 계기

수업, 동아리 활동, 교내 행사 등을 통해 만들어진 산출물의 전시는 홍보 효과와 함께 학생들에게 커다란 만족감을 줍니다. 하지만 전시 후 시간이 지나면 산출물이 파손되거나 공간 활용을 위해 주기적으로 정리해 줘야 한다는 한계점이 존재합니다. 기존 작품 전시의 한계점을 보완하고 언택트 시대의 새로운 소통 방법을 찾아보기 위해 메타버스 공간을 이용한 과학 프로젝트 수업을 합니다.

[그림 2-9-1] 메타버스

4) 수업 흐름

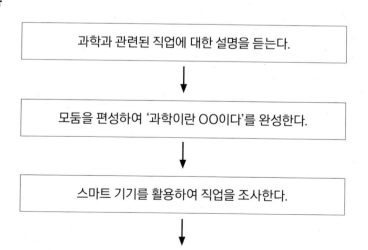

과학과 관련된 직업에 대한 설명을 듣는다.

↓

모둠을 편성하여 '과학이란 OO이다'를 완성한다.

↓

스마트 기기를 활용하여 직업을 조사한다.

↓

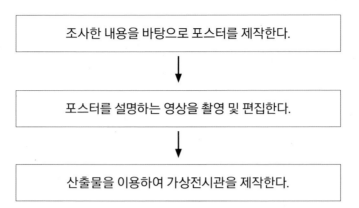

조사한 내용을 바탕으로 포스터를 제작한다.

↓

포스터를 설명하는 영상을 촬영 및 편집한다.

↓

산출물을 이용하여 가상전시관을 제작한다.

과학과 관련된 직업에 대해 수업을 듣고, 스마트 기기를 이용하여 다양한 직업에 대해 조사를 진행합니다. 조사한 내용을 바탕으로 인공지능 툴을 이용하여 포스터를 만들고 대본을 작성하여 포스터를 설명하는 영상을 촬영합니다. 교사는 산출물을 이용하여 메타버스 공간에 가상 전시관을 만듭니다. 완성된 전시관은 공유를 통해 관람할 수 있으며, 다른 친구들의 작품을 통해 다양한 직업군을 간접 체험할 수 있습니다.

5) 사용한 도구

메타버스 공간을 제작할 수 있는 인공지능 툴은 여러 가지가 있습니다. 사용 방법이 간단하고, 학생 계정의 관리가 쉬우며 활용 방법에 따라 다양한 콘텐츠 제작이 가능한 코스페이시스와 생각을 표현하기 쉽게 도와주는 오토드로우를 이용하여 과학·진로 가상 전시관을 제작합니다.

6) 수업 대상

중학교 1학년(자유학기제)을 대상으로 프로젝트 수업을 했으며 다른 학년에서도 메타버스를 활용한 수업이 가능합니다.

02. 과학 진로 체험관 만들기

1) 수업 내용

1차시 교수·학습지도안				
학습 목표	1. 과학이 우리 생활과 밀접한 관련이 있음을 설명할 수 있다. 2. 과학과 직업의 관련성을 조사하여 설명할 수 있다.			
교수·학습 준비물	스마트 기기(태블릿 PC), 교과서, 4절지, 색연필			
지도상의 유의점	1. 스마트 기기가 프로젝트 수업 활동 외에 사용하지 않도록 지도한다. 2. 그룹 활동에서 소외되거나 무임승차하는 학생이 없도록 지도한다.			
학습 단계		교수·학습활동	시간	자료 및 유의점
도입	학습 목표	학습 목표를 확인한다. (https://youtu.be/wYeFAIVC8qU)	5	동영상 자료 (https://youtu.be/ wYeFAIVC8qU)
	동기 유발	1. 메타버스 공간의 디지털 콘서트 영상을 보여주며 삶의 영역이 메타버스 공간으로 확장되고 있음을 설명한다. 2. 과학·진로 전시관을 메타버스 공간에 만드는 프로젝트 수업을 안내한다.		
전개	내용 설명	1. 일상생활에서 과학을 떠나 생활할 수 없음을 설명한다. 2. 생활 속 과학 원리가 적용된 것의 예시를 든다. 3. 과학과 직업의 관련성을 설명한다. 4. 과학과 관련된 직업에 대한 예시를 든다.	10	스마트 기기를 수업 활동에만 사용하도록 지도한다.

	모둠활동	1. 모둠활동을 위한 조를 편성한다. (태블릿 PC 수량에 따라 2~4인으로 모둠 편성) 2. 모둠별로 '과학은 우리에게 무엇일까?'라는 주제를 토의하도록 한다. *자신이 생각하는 과학의 의미는 무엇이며, 그렇게 생각한 까닭을 예를 들어 써보게 한다. *예안에서 찾을 수 있는 과학 관련 직업을 찾아보도록 한다. 3. 그렇게 생각한 까닭, 조사한 내용을 바탕으로 포스터를 제작한다.	25	모둠활동 시 적절한 역할 분담으로 모두 참여할 수 있도록 지도한다.
정리	다음 차시 예고	1. 배부한 교수학습 준비물, 산출물을 수거한다. 2. 다음 차시에는 제작한 포스터를 설명하는 영상을 제작하는 수업이 진행됨을 안내한다.	5	회수한 산출물은 반별로 정리하도록 한다.

2차시 교수·학습지도안

학습 단계		교수·학습활동	시간	자료 및 유의점
학습 목표		1. 과학과 관련된 직업에 필요한 역량을 토의하여 포스터로 제작할 수 있다. 2. 포스터를 설명하는 동영상을 제작하고 편집할 수 있다.		
교수·학습 준비물		컴퓨터, 스마트 기기(태블릿 PC), 교과서, 4절지, 색연필		
지도상의 유의점		1. 스마트 기기가 프로젝트 수업 활동 외에 사용하지 않도록 지도한다. 2. 그룹 활동에서 소외되거나 무임승차하는 학생이 없도록 지도한다.		
학습 단계		교수·학습활동	시간	자료 및 유의점
도입	학습 목표	학습 목표를 확인한다.	5	스마트 기기에 오토드로우, 코스페이시스, 동영상 편집을 위한 애플리케이션을 미리 설치한다.
	활동 준비	1. 모둠별로 스마트 기기와 포스터 제작 물품을 나눠준다. 2. 사전 조사해온 자료를 모둠원들끼리 공유하도록 한다.		

전개	내용 설명	1. 포스터 제작에 유용한 AI 툴을 설명한다. (Auto Draw 사용법을 설명한다.) 2. 오토드로우를 활용하여 포스터를 제작하도록 지도한다.	5	영상 촬영 시 다른 모둠에 방해가 되지 않도록 촬영공간을 확보하도록 한다. 영상 제작 시간이 부족한 경우 점심시간이나 방과 후 시간을 활용하도록 한다.
	모둠 활동	1. 모둠별로 '과학이란 OOO이다'라는 주제로 조사한 자료를 바탕으로 과학·진로 포스터를 제작하도록 한다. 2. 포스터에 직업에 대한 소개, 필요한 역량, 관련된 과학·기술 등이 포함되도록 지도한다. 3. 포스터 제작이 끝난 모둠은 포스터 내용을 설명하는 동영상을 촬영 및 편집하도록 지도한다. *포스터 제작과 영상 제작 과정에서 모둠원들이 적절하게 역할을 분담하여 활동할 수 있도록 지도한다. *활동을 통해 핵심 역량을 기를 수 있도록 한다.	30	
	교사 활동	1. 모둠활동이 진행 과정을 관찰하며 모둠별, 개별 평가를 동시에 진행하도록 한다. 2. 스페이시스(Cospaces) 프로그램을 활용하여 메타버스 공간에 모둠별 산출물을 전시하기 위한 공간을 제작한다.		
정리	다음 차시 예고	1. 배부한 교수학습 준비물, 산출물을 수거한다. 2. 영상 편집 시간이 부족한 경우 쉬는 시간, 점심시간, 방과 후 시간을 활용할 수 있음을 안내한다. 3. 다음 차시에는 메타버스 공간 수업이 진행됨을 안내한다.	5	

3차시 교수·학습지도안

학습 목표	1. 메타버스 공간에 대해 이해할 수 있다. 2. VR, AR을 이용하여 프로젝트 수업 산출물을 진로 체험관에서 체험할 수 있다.

교수·학습 준비물		컴퓨터, 스마트 기기(태블릿 PC)		
지도상의 유의점		1. 스마트 기기가 프로젝트 수업 활동 외에 사용하지 않도록 지도한다. 2. 그룹 활동에서 소외되거나 무임승차하는 학생이 없도록 지도한다.		
학습 단계		교수·학습활동	시간	자료 및 유의점
도입	학습 목표 제시	학습 목표를 확인한다.	5	구글 드라이브 폴더 공유를 이용하여 산출물을 관리한다. 가상전시관 제작 방법을 사전에 숙지하도록 한다. 스마트 기기를 활용한 체험활동 시 소란스럽지 않도록 지도한다.
도입	동기 유발	1. 코스페이시스 공간에 구성된 전시관을 보여준다. 2. 메타버스 공간의 다양한 활용 방법에 대해 학생들과 토론한다.	5	
전개	내용 설명	1. 구글 드라이브 사용법을 설명한다. *구글 드라이브를 통해 산출물을 제출하는 방법을 설명하고 제출하도록 지도한다. 2. 코스페이시스 사용법을 설명한다. *스마트 기기에서 공유 코드를 이용해 가상 전시관에 접속하는 방법을 설명한다.	10	
전개	모둠 활동	1. 포스터 설명 영상 제작이 끝나지 않은 모둠은 시간 내에 제작을 완료하고 구글 드라이브를 통해 산출물을 제출하도록 한다. 2. 산출물을 제출한 모둠은 교사의 안내에 따라 메타버스 공간에 제작된 가상 전시관에 입장하여 다른 모둠의 산출물을 관람하도록 한다. *관람과 평가가 함께 이루어짐을 설명한다. 3. 관람 및 평가가 끝난 모둠은 메타버스 공간을 어떻게 활용할 수 있을지 토의하도록 한다.	20	

	교사 활동	1. 구글 드라이브를 통해 제출된 산출물을 가상 전시관에 업로드하여 배치한다. 2. 가상 전시관 제작이 완료된 후 학생들에게 공유하여 관람과 평가가 이루어지도록 지도한다.		
정리	평가	1. 가상전시관을 관람하며 작품을 관람하고 모둠별 동료 평가를 한다. 2. 평가 자료를 제출한다.	10	

　교수학습 지도안의 경우 3차시 분량을 제시하였지만, 학교의 상황과 수업 구성 여건에 따라 유동적으로 차시의 조절이 가능합니다. 스마트 기기와 애플리케이션 사용 방법 숙달, 포스터 제작 자료 조사 및 토의, 포스터 제작, 포스터 설명 대본 작성, 영상 촬영, 영상 편집, 가상 전시관 구상, 가상 전시관 체험 및 동료 평가 등 최대 17차시로 구성하여 자유학기제 프로젝트 수업으로도 활용할 수 있습니다.

2) 과정 설명

(1) 일상생활 속의 과학과 직업 단원의 수업을 합니다.

(2) 학습한 내용을 바탕으로 모둠별로 모여 과학에 대한 정의를 내리고, 관련된 직업에 대해 조사를 시작합니다.

[그림 2-9-2] 모둠활동(자료 조사)

수업이 진행되는 동안 학생들은 스마트 기기를 이용하여 일상생활 속에서 과학이 사용되는 예를 조사하고, 모둠활동을 시작하기 위한 준비를 합니다.

(3) 조사한 자료를 활용하여 '과학이란 OOO이다'를 완성하기 위해 조별 토론을 시행합니다. 토론 과정에서 모둠원들의 생각을 모두 적을 수 있도록 하여 학생들의 적극적인 참여를 독려합니다.

[그림 2-9-3] 모둠활동(토론)

(4) 과학에 대한 정의를 내린 후, 관련된 직업에 대한 조사를 시작합니다. 자료 조사, 포스터 구상, 시안 작성, 디자인 등 모두가 잘 할 수 있는 역할을 선택하도록 하여 공동체 역량을 기르도록 합니다.

[그림 2-9-4] 모둠활동(역할 분담)

(5) 자료 조사가 끝나면 포스터 제작을 시작합니다. 포스터 디자인의 어려움을 해결하기 위해 오토드로우(Auto Draw) 애플리케이션을 활용하도록 안내합니다.

[그림 2-9-5] 모둠 활동(포스터 제작)

오토드로우를 이용하면 원하는 디자인을 쉽게 그릴 수 있으며 그림에 자신이 없는 학생들도 즐겁게 참여할 수 있습니다.

(6) 포스터 제작이 완료되면 포스터를 설명하기 위한 영상 제작을 시작합니다. 학생들은 영상 제작을 위해 대본을 쓰고, 촬영 장소 및 카메라 구도를 생각하고, 어떻게 효과적으로 정보를 전달할 것인지 고민하며 스스로 더 나은 영상 제작을 위해 노력합니다. 촬영이 완료된 영상은 편집합니다.

[그림 2-9-6] 모둠활동(영상 제작)

(7) 제작이 완료된 영상과 포스터 자료는 구글 드라이브 자료공유를 활용해 선생님께 제출하도록 합니다.

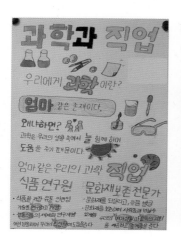

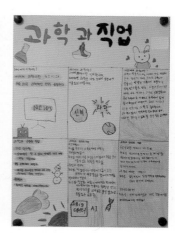

[그림 2-9-7] 산출물(포스터)

(8) 교사는 산출물 자료를 코스페이시스에 업로드하여 가상 전시관을 제작합니다.

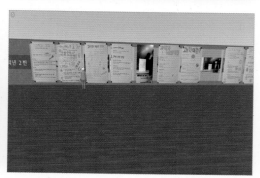

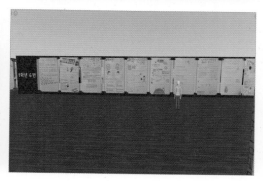

[그림 2-9-8] 가상전시관

(9) 완성된 가상 전시관은 공유를 통해 학생들의 체험이 가능해집니다. 스마트 기기를 이용하여 가상 전시관을 체험하게 하고, 동료 평가를 진행하도록 지도합니다.

과학 진로 체험관 작품 평가서				
학번		이름		
1. 포스터		**순위(1등/2등/3등)**		
내용이 충실한가?				
창의적인가?				
아름답게 꾸몄는가?				
2. 제작 영상		**순위(1등/2등/3등)**		
설명을 이해하기 쉬운가?				
영상이 재미있는가?				
3. 느낀 점				

3) 수업 소감 및 제언

처음 스마트 기기와 인공지능 툴을 활용한 수업을 계획할 때 개인의 노력이 모여 공동체 산출물로 완성되는 과정을 통해 성취감과 자신감을 느끼고 인공지능, 메타버스라는 생소한 개념과 친해지도록 하는 것이 목표였습니다. 학생들에게 익숙한 스마트 기기를 활용한 덕분에 흥미를 느끼고 수업에 참여하는 모습을 볼 수 있었고, 소통하며 각자가 자신 있는 역할을 맡아 최선을 다하는 모습을 보며 대견함을 느꼈습니다.

코로나로 인해 학교와 사회가 소통하지 못하는 요즈음 부모님들은 자녀가 학교에서 무엇을 배우고 어떤 활동을 하는지 궁금하지만 자녀와 교사를 통해 정보를 얻는 방법에는 한계가 있습니다. 가상 전시관의 제작은 언택트 시대에 새로운 소통 방법의 가능성을 보여줬습니다.

인공지능, 메타버스, 블록체인, 코딩의 교육과정 편입과 사회 관심의 증가는 새로운 시대로 변화하고 있음을 알려주는 지표라고 생각합니다. 이러한 시대 흐름에 발맞춰 교사가 인공지능 툴을 수업에 활용한다면 다양한 형태의 수업 구성이 가능해지고, 학생과 소통하는 즐거운 수업을 진행하는 데 도움이 될 것입니다.

10. 움직이는 보고서 만들기
(Halo AR)

들어가며

보고서 제작은 프로젝트 학습과 조사학습의 마무리 제시 과제로 많이 활용되고 있습니다. 보고서를 제작할 때는 내용구성과 역할분담과 같은 협동학습이 요구되기 때문에 모둠원 간의 의사소통이 무엇보다 중요합니다. 그러나 비대면 교육이 새로운 교육 흐름으로 자리 잡으며, 대면 중심의 보고서 제작 활동이 많은 한계에 부딪혔습니다. 살아 움직이는 보고서는 새로운 교육 흐름 속에서 기존의 보고서 제작 활동이 어떻게 변화하면 좋을까 하는 고민에서 출발했습니다. 그 결과 보고서의 계획, 제작, 발표 전 과정에 걸쳐 모든 학생이 만족하는 수업을 운영할 수 있었습니다.

Halo AR 앱을 활용한 AR 보고서는 그림, 글자, 소리, 동영상 등 다양한 정보를 보고서에 담을 수 있습니다. 보고서 만들기가 어렵고 지루하게 느껴졌던 학생들에게 AR 보고서는 쉽고 간편하게 그리고 재미있게 참여할 수 있는 활동입니다. 또한, 컴퓨터를 켜지 않아도 스마트폰만 있다면 쉽게 보고서를 찾아 읽을 수 있습니다. 발표가 끝나고 버려지기 일쑤인 보고서에 AR 기술을 활용하여 읽는 학생들에게 관심과 흥미를 유지해줍니다.

움직이는 보고서 만들기에서는 스마트폰 하나로 쉽고 재미있게 보고서를 만들어보고 나아가 AR을 활용한 다른 교과 응용 활동을 알아봅니다

움직이는 보고서 만들기(Halo AR)

01. 수업 개요

수업 제목	나 혼자 산다? 우리 같이 산다!			수업대상	6학년
교육 목표	다른 나라와 하는 경제교류가 우리 경제생활에 미친 영향을 조사하여 움직이는 보고서로 제작할 수 있다.				
차시 내용	1차시	다른 나라와의 경제교류 활동으로 나타난 우리 경제생활의 변화 모습 조사하기			
	2차시	보고서에 들어갈 내용 선정하고 제작하기			
	3차시	Halo AR 사용 방법을 익혀 보고서 완성하기			
	4차시	AR 보고서 공유하고 감상하기			
평가계획	평가 기준	상	다른 나라와의 경제교류가 우리 생활에 미친 영향을 조사하여 움직이는 보고서로 제작할 수 있다.		
		중	다른 나라와의 경제교류가 우리 생활에 미친 영향을 조사하여 보고서로 제작할 수 있다.		
		하	다른 나라와의 경제교류가 우리 생활에 미친 영향을 이해할 수 있다.		
	평가 방법	관찰평가, 포트폴리오(보고서 결과물)			

02. 수업의 흐름

1) 1차시

학습 목표		다른 나라와 하는 경제교류가 우리 경제생활에 미친 영향을 조사하고 정리할 수 있다.
수업자료		컴퓨터(또는 태블릿 PC), 활동지, 패들렛(padlelt.com), 교과서
활동 내용	활동1	의, 식, 주에서 찾는 경제교류 사례 이해하기
	활동2	다른 나라와의 경제교류 사례 조사하기
	활동3	개인, 기업, 사회에 미친 영향 살펴보기

[그림 2-10-1] 프랜차이즈 음료

[그림 2-10-2] 해외 수입자동차

활동1은 사전에 준비한 경제교류 사례를 살펴본 뒤 무엇을 조사해야 할지 떠올리는 단계입니다. 우리 생활 주변에서 쉽게 찾을 수 있는 해외 원산지 혹은 해외 생산지 상품을 떠올려봅니다. 경제교류 사례에는 제품뿐만 아니라 서비스 그리고 기술도 포함되기 때문에 교사가 다양한 예시를 제시합니다. 우리에게 익숙한 해외 브랜드를 포함하여 기계 부품, 배터리, 원자재(석유, 석탄, 리튬 등)와 관련한 경제교류 사례를 함께 살펴봅니다.

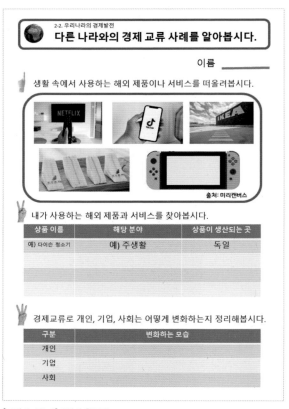

[그림 2-10-3] 1차시 활동지

활동 2~3에서는 직접 경제교류 사례를 조사하고 경제교류가 개인, 기업, 사회에 미치는 영향을 탐구합니다. 활동지 기록이 어려운 경우, 패들렛(Padlet.com)을 활용하여 학생들의 생각을 정리하도록 합니다. 사전에 학생들과 어떤 기준으로 보고서 내용을 작성할지 이야기해봅니다. 만약 나라별 경제교류 사례를 보고서로 제작한다면 나라 이름을 카테고리로 설정합니다. 또는 분야에 따라 경제교류 사례를 보고서로 제작한다면 의생활, 식생활, 주생활, 여가생활 등으로 카테고리를 설정합니다.

2) 2차시

학습 목표	조사를 바탕으로 보고서에 들어갈 내용을 제작할 수 있다.	
수업자료	컴퓨터(또는 태블릿 PC), 패들렛(padlelt.com)	
활동 내용	활동1	경제 교류하는 분야와 내용 선정하기
	활동2	보고서에 들어갈 내용 제작하기

[그림 2-10-4] 다른 나라와의 경제교류 분야와 내용

활동1에서는 1차시 조사내용을 바탕으로 모둠별로 어떤 카테고리를 보고서로 제작할지 결정합니다. [그림 2-10-4]는 분야에 따른 경제교류 사례를 패들렛에 정리한 예시입니다. 다섯 개의 모둠이 각각 한 분야를 맡아 조사한 내용을 살펴보고 수정합니다. 상품, 서비스, 기술 등 경제교류 사례가 다양하게 있음을 이해하고 다양한 사례를 넣도록 안내합니다.

패들렛을 활용하면 URL, 글자(텍스트), 그림(이미지), 소리, 동영상을 쉽고 간단하게 업로드할 수 있습니다. AR 보고서에는 다양한 유형의 정보가 들어가기 때문에 패들렛 활용을 추천합니다.

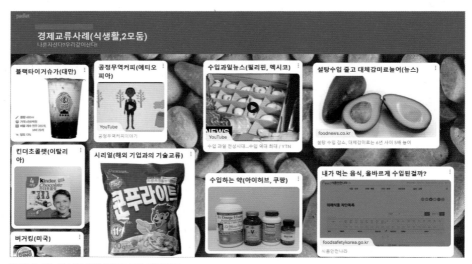

[그림 2-10-5] 보고서에 들어갈 내용 제작하기

AR 보고서에 들어갈 내용은 패들렛에서 쉽게 다운로드할 수 있습니다. 게시글을 클릭하면 이미지 다운로드 및 동영상과 뉴스 URL을 복사할 수 있습니다. 만약 이미지에 추가적인 설명을 덧붙이고 싶다면 패들렛 게시글 자체를 캡처하여 이미지로 저장할 수 있습니다. 동영상 파일 재생 시간이 1분이 넘는다면 URL 링크를 활용합니다.

[그림 2-10-6] 이미지 다운로드

[그림 2-10-7] 캡처 및 다운로드

3) 3차시

학습 목표	Halo AR 사용 방법을 익혀 보고서 완성할 수 있다.		
수업자료	태블릿 PC(또는 스마트폰), Halo AR 앱, 활동지		
활동 내용	활동1	Halo AR 앱 사용 방법 익히기	
	활동2	보고서에 들어갈 인식대상(트리거) 만들기	
	활동3	인식대상(트리거)과 전달할 내용(오버레이) 연결하기	

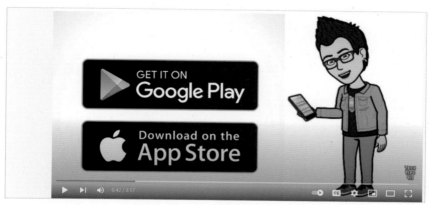

[그림 2-10-8] Halo AR 사용 방법 안내자료(https://url.kr/f1925g)

유튜브를 통해 앱 사용 방법을 쉽게 익히고 따라 할 수 있습니다. 안내자료를 배부하면 단계별로 사진을 캡처하여 제시해야 하므로 번거로움이 많습니다. 동영상을 함께 시청하며 아이들이 직접 스마트폰을 가지고 앱 사용 방법을 익힙니다. 또한, AR 제작을 위해서는 구글 계정 혹은 이메일 아이디를 통한 가입이 필요하므로 미리 준비합니다.

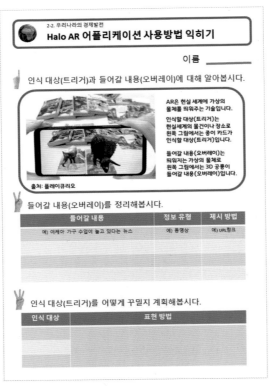

[그림 2-10-9] 3차시 활동지

AR 보고서 제작 시, 들어갈 내용(오버레이)과 인식대상(트리거)을 혼동하는 경우가 많습니다. 활동지를 통해 두 개념을 정확하게 이해한 뒤 보고서를 제작하도록 합니다. 패들렛에 정리한 자료를 바탕으로 들어갈 내용(오버레이)을 정리하여 기록합니다. 인식대상(트리거)은 무엇으로 할 것이며 보고서에 어떻게 표현할지 글과 그림으로 구상해봅니다. 구상 후, Halo AR 앱을 사용해 트리거와 오버레이를 연결해줍니다.

인식대상(트리거)은 사각형 형태로 제작되어야 가장 인식이 빠르고 정확합니다. 사각형 형태의 그림이나 틀 안에 인식대상을 표현할 수 있도록 사전에 안내합니다.

4) 4차시

학습 목표		AR 보고서를 공유하고 감상할 수 있다.
수업자료		태블릿 PC(또는 스마트폰), Halo AR 앱
활동 내용	활동1	AR 보고서 공유 방법 익히기
	활동2	AR 보고서 감상하기
	활동3	감상 후 느낀 점 나누기

[그림 2-10-10] AR 보고서 공유하기

    Halo AR 앱을 실행하고 모둠별로 제작한 AR 보고서의 코드를 확인합니다. 다른 모둠원의 AR 보고서를 보고 싶다면 그 모둠의 코드를 확인하여 검색어를 입력하거나 스캔 창으로 전환하여 QR코드를 스캔합니다. 작품이 검색되었다면 친구추가 후 보고서를 감상합니다.

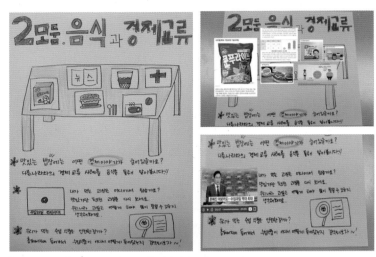

[그림 2-10-11] AR 보고서 감상하기(음식과 경제교류)

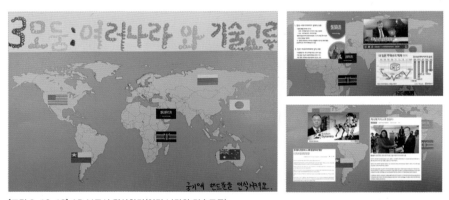

[그림 2-10-12] AR 보고서 감상하기(여러 나라와 기술교류)

공유한 코드를 통해 다른 모둠의 AR 보고서를 감상합니다. 감상 후 느낀 점을 패들렛에 공유하여 AR 보고서를 수정합니다. 보고서를 학급에 게시하고 쉬는 시간에 다른 모둠의 AR 보고서를 감상할 수 있게 안내합니다.

5) 평가 아이디어

평가 기준	상	다른 나라와의 경제교류가 우리 생활에 미친 영향을 조사하여 움직이는 보고서로 제작할 수 있다.
	중	다른 나라와의 경제교류가 우리 생활에 미친 영향을 조사하여 보고서로 제작할 수 있다.
	하	다른 나라와의 경제교류가 우리 생활에 미친 영향을 이해할 수 있다.
평가 방법		관찰평가, 포트폴리오(보고서 결과물)

관련 교과 성취기준을 참고하여 평가계획을 수립합니다. 교과 내용에 대한 이해(지식), 보고서 제작 참여도(기능 및 태도)가 평가에 반영될 수 있도록 관찰평가와 포트폴리오(AR 보고서)를 활용합니다. 관찰평가의 경우 체크리스트를 활용하여 자기 및 동료평가를 시행합니다. 또한, 패들렛에 기록한 정보 수집 활동 및 조사 활동을 살펴보며 관찰평가를 합니다.

포트폴리오 평가의 경우, AR 보고서의 기술적 완성도보다 알맞은 내용이 적절한 정보 유형으로 삽입되었는지 평가합니다. 보고서 제작에 어려움을 느끼는 학생을 대상으로 안내와 설명을 제공하여 AR 제작 능력이 평가에 크게 영향을 받지 않도록 합니다.

03. 제언

수업을 시작하기 전 학생 대부분은 보고서 제작을 어렵고 지루한 활동이라고 생각했습니다. 글을 싫어하는 친구들이 뉴스를 검색하며 조사에 어려움을 느끼거나, 그림 그리기를 못 하는 친구들이 보고서 제작을 맡아 불평불만을 늘어놓기도 했습니다. 그러나 AR 기술을 활용한 보고서 제작에는 글을 싫어하거나 못 쓰는 친구도, 그림 그리기에 자신 없는 친구도 모두 즐겁게 참여할 수 있었습니다.

AR 기술을 활용한 교육은 재미 위주의 일회성 체험 수업으로 끝나거나, 너무 어려워 시도조차 할 수 없다는 선입견이 강합니다. 간단한 앱 하나로 AR 기술과 원리에 대한 이해 없이도 쉽고 알찬 수업을 진행할 수 있습니다. 인상적이었던 것은 학생 스스로 보고서를 제작하며 AR 기술의 필요성을 깨달았다는 점입니다. 많은 내용을 작은 공간 안에 담고 싶을 때, 컴퓨터 없이 작은 스마트폰으로 쉽게 정보를 찾고 싶을 때, 다양한 정보를 사실적이고 이해하기 쉽게 전달하고 싶을 때 AR을 활용해야겠다고 생각해냈습니다.

이러한 AR의 특성을 고려해 볼 때 사회 수업뿐만 아니라 국어, 수학, 과학 등에서도 Halo AR을 적극적으로 활용할 수 있습니다. 국어 수업에서 줄거리를 바꿔 움직이는 동화책 만들기, 시각장애인을 위한 읽어주는 편지 만들기 등을 해볼 수 있습니다. 자기 생각을 표현하고 다른 사람의 생각을 읽어내는 국어 활동에서 이미지, 영상, 소리를 활용하여 생각을 쉽게 전달하고 이해를 도울 수 있습니다.

수학 수업에서 우리 주변 생활 속 직각 찾기, 평면도형 찾기, 삼각형(예각, 직각, 둔각) 찾아 분류하기를 해볼 수 있습니다. 단원의 도입과 마무리 활동에서 배운 내용을 실제 생활에서 찾아보는 학습 내용이 많이 나오기 때문에 AR을 활용하여 게임처럼 수학적 요소를 찾는 활동으로 꾸며봅니다. 과학 수업에서 실험과정 안내, 동·식물의 한살이, 물의 여행 등에 AR 기술을 적용할 수 있습니다. 실험기구를 카메라에 비춰 실험 유의 사항과 단계별 진행 방법이 나오게 할 수 있습니다. 또한, 시간에 따른 변화 모습을 보여주는 수업 내용에서 AR 기술을 이용하여 역동적으로 정보를 전달합니다.

memo

11-1. 창의적이고 다양한 표현이 가능한 미술 수업
-코스페이시스

들어가며

교실에서 하는 미술 수업은 학생들에게 미술을 체험하고 표현하고 감상하는 능력을 길러주고자 합니다. 하지만 다양한 표현활동을 반복하여도 학생들이 가지고 있는 개인적 능력이 각자 달라 많은 학생이 오히려 미술에 대한 흥미를 잃는 모습을 보게 되었습니다. 자신이 표현하고자 하는 바가 있어도 관찰한 것을 생각대로 표현하는 능력이 부족하기에 흥미를 잃는다고 판단했습니다. 이에 대한 대안으로 학생들에게 표현하고자 하는 물체(오브젝트)를 제공하고 학생들이 창의성을 바탕으로 자유롭게 표현할 수 있는 미술 수업을 고안했습니다. 제한적인 미술도구의 한계를 뛰어넘을 수 있고 그림을 잘 그리지 못해도 멋진 작품을 만들 수 있기에 아이들도 참신함을 느끼며 미술 수업에 참여할 수 있었습니다.

창의적이고 다양한 표현이 가능한 미술 수업

01. 미술 표현 영역을 위한 코스페이스 수업

1) 수업 구상 동기

미술과 교육과정에서 미술 교과 내용은 체험, 표현, 감상 영역으로 구성됩니다. 이 중 '표현' 영역에서는 다양한 방식으로 주제나 아이디어를 탐색하고, 작품의 표현 방법과 제작 과정을 계획하며, 표현 과정에서 매체를 탐구하여 창의적으로 제작하도록 한다고 기술하고 있습니다.

초등학교 5~6학년 표현 성취기준

[6미02-02] 다양한 발상 방법으로 아이디어를 발전시킬 수 있다.
[6미02-03] 다양한 자료를 활용하여 아이디어와 관련된 표현 내용을 구체화할 수 있다.
[6미02-04] 조형 원리의 특징을 탐색하고, 표현 의도에 적합하게 활용할 수 있다.

중학교 표현 성취기준

[9미02-04] 주제의 특징과 표현 의도에 적합한 조형 요소와 원리를 탐색하여 효과적으로 표현할 수 있다.
[9미02-06] 주제와 의도에 적합한 표현 매체를 선택하여 활용할 수 있다.

고등학교 표현 성취기준

[12미02-02] 조형 요소와 원리를 다양하게 응용하여 창의적으로 표현할 수 있다.
[12미02-03] 여러 가지 표현 매체의 조합이나 응용·확장을 통해 새로운 표현 효과를 탐색할 수 있다.

    미술교육과에서 제시한 성취기준들을 일반적인 회화적 기법, 조소적 기법 등으로 표현할 수 있지만 새롭게 코딩을 활용하여 표현해보고자 합니다.

    아래의 수업은 초등학교 6학년 학생들을 대상으로 진행하였습니다. 교과서는 환경과 함께하는 건축이라는 주제로 환경과 어울리는 건축물을 탐색하고 만들어보는 것을 제시하였습니다. 이 주제를 가지고 초등학교 5~6학년 표현영역 성취기준을 충족할 수 있는 수업을 다음과 같이 진행해보았습니다.

수업 제목	환경과 함께하는 건축		수업대상	6학년
교육 목표	환경과 어우러진 건축물을 구상하고 다양하게 표현할 수 있다.			
차시 내용	1차시	회원가입 및 코스페이시스 기본기능 익히기		
	2차시	주제(환경과 함께하는 건축)에 맞는 작품 만들기		
	3차시	AR과 VR을 통한 발표		

2) 1차시 – 회원가입 및 코스페이시스 기본기능 익히기

(1) 코스페이시스 기본기능 익히기

① 사용할 수 있는 물체(사람 등) 확인 및 배치 방법 익히기

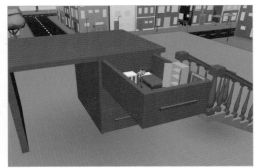

[그림 2-11-1-1] 오브젝트로 다양한 집(버스 집, 책상 집) 만들기 예시

Tip 1 오브젝트의 크기를 바꿔 다른 용도로 활용할 수 있습니다.

예시 – 책상을 크게 확대하여 건물처럼 사용하기

Tip 2 애니메이션 효과를 사용해 단조로움을 피할 수 있습니다.

예시 – 책상 서랍 열기, 사람이 웃는 행동

Tip 3 실력이 우수한 학생들에게는 심화 과제로 코블록스를 활용하도록 지도합니다.

예시 – 오브젝트의 움직임, 조건에 따른 애니메이션 효과

② 사용할 수 있는 배경 확인하기

[그림 2-11-1-2] 배경 확인 및 설정

Tip 학생이 방향 잡기 힘들어한다면 배경부터 선택하여 아이디어를 떠올릴 수 있도록 지도합니다.

3) 2차시 – 주제(환경과 함께하는 건축)에 맞는 작품 만들기

[그림 2-11-1-3] 아이들이 수업 시간에 작품을 만드는 모습

Tip 1　기능 사용을 어려워하거나 도움이 필요한 경우에는 교사 계정을 이용해서 학생들의 작품을 수정해줄 수 있습니다.

Tip 2　애니메이션과 코블록스를 이용해서 생동감을 주면 더 좋은 작품이 될 수 있음을 지도합니다.

Tip 3　다양한 오브젝트와 코드를 사용하기 위해서는 프리미엄 구독이 필요하나 한 달은 체험판 무료 체험이 가능합니다.

https://bit.ly/3oMOoCK

[그림 2-11-1-4] 학생들이 만든 작품 예시와 작품 링크(패들렛)

> Tip | 플레이 버튼을 이용하여 작품에 직접 들어가 움직일 수 있습니다(방향키로 움직이고 스페이스 바로 점프할 수 있음).

4) 3차시 - AR과 VR을 통한 발표

QR코드나 링크를 학생들에게 공유해서 만든 작품을 함께 보며 발표합니다.

AR을 활용한 작품 감상   VR을 활용한 작품 감상

[그림 2-11-1-5] 아이들이 만든 작품 서로 교환하며 동료평가

> Tip | 만든 작품을 친구들과 공유하여 다양한 작품을 체험해보고 동료 평가할 수 있도록 지도합니다.
>
> Tip 2 VR을 이용하기 위해서는 VR 카드보드가 필요합니다.

5) 평가 시 유의사항

- 달성하고자 한 미술과 교육과정 성취기준에 따라 평가해야 하며 코스페이시스 기능의 활용에 대한 평가가 되지 않도록 유의해야 합니다.
- 다른 친구들의 작품을 자유롭게 감상하고 동료평가를 통해 수정할 수 있습니다.

6) 제언

처음 이 수업을 고안하였을 때는 학생들에게 새로운 미술 수업을 제공해보자는 가벼운 마음을 가지고 있었으나 작품을 열심히 만드는 아이들을 보면서 더 열정을 갖게 되었습니다. 초등학생들이 고학년이 되면 그림을 잘 그리는 사람과 못 그리는 사람의 차이를 인식하게 됩니다. 그림을 매우 잘 그리면 미술을 좋아하고 대부분 아이는 매우 잘 그리는 아이들과 비교하며 자신은 그림을 못 그린다고 판단하여 그림 그리는 것을 싫어하는 경향이 있습니다. 그림을 그리고 색칠하는 능력이 부족해서 미술에 흥미가 없던 학생들도 스스로 보기에 멋진 작품을 만들 수 있으므로 학생들의 참여도가 매우 높아지는 점이 좋았습니다.

알고리즘과 코딩에 대한 학습 능력이 좋은 학생은 코블록스를 통해 풍성한 작품을 만들 수 있게 하고 알고리즘과 코딩이 익숙하지 않은 학생들에게는 크기 조절과 높낮이 정도의 간단한 조작만 제시하여 수준별 수업이 가능하여 많은 학생이 비슷한 시기에 작품을 완성할 수 있다는 점도 좋았습니다.

힘들었던 점은 요즘 아이들은 컴퓨터나 노트북보다는 스마트폰에 더 익숙한 경향이 있어서 마우스를 사용하는 능력이 부족했고, 회원가입을 하는 것과 아이디와 비밀번호를 기억하기가 쉽지 않았습니다. 이 수업을 진행하기 전에 미리 교사가 학생들이 사용할 수 있는 계정들을 만들어두고 고정된 아이디와 비밀번호를 제공한다면 단점을 보완할 수 있습니다.

memo

11-2. 학생이 스스로
만드는 정리 활동
-멀지큐브

들어가며

 새로운 개념을 수업한 후에 아이들이 잘 이해하였는지 확인하기 위해 교사들은 다양한 방법(골든벨 판 등)을 활용합니다. 하지만 새로운 정리 방법이 있지 않을까 고민하던 중 멀지큐브를 알게 되었고 정리 활동에 도입해보고자 했습니다. 아래에서는 수학을 예시로 수업을 준비하였지만, 수학뿐 아니라 모든 내용과 관련하여 만들 수 있는 범용적인 수업 방법입니다. 또한, 아래의 수업은 처음 멀지큐브를 만들어보는 상황이므로 3차시로 구성되어 있지만 한 번 방법을 익히면 다음에는 빠르게 적용할 수 있는 경제적인 방식입니다. 코스페이시스에서 사용할 수 있는 멀지큐브는 유료 기능이나 한 달 무료 체험을 통해서도 사용할 수 있습니다.

학생이 스스로 만드는 정리 활동

01. 멀지큐브를 활용한 정리 활동

1) 수업 구상

대부분의 교과와 차시에서 사용할 수 있습니다. 본 수업은 6학년 2학기 6단원 수학에서 나오는 원주에 관하여 아래와 같이 구성해보았습니다.

수업 제목	원주와 개념과 공식		수업대상	6학년
교육 목표	원주의 개념을 이해하고 원주를 구하는 방법을 설명할 수 있다.			
차시 내용	1차시	멀지큐브 만들기 및 멀지큐브와 친숙해지기		
	2차시	멀지큐브 기능 학습 및 배운 내용 정리		
	3차시	AR을 통한 정리 자료 발표 및 공유		

2) 1차시 - 멀지큐브 만들기 및 멀지큐브와 친숙해지기

(1) 멀지큐브 도안을 받고 만들기

[그림 2-11-2-1] 풀과 가위로 멀지큐브 만들기

(2) 멀지큐브를 활용할 수 있는 앱을 설치하여 사용해보기

바로 멀지큐브 코딩을 시작하면 흥미가 떨어질 수 있으므로 다양한 앱으로 멀지큐브에 대한 흥미를 높일 수 있도록 지도합니다.

[그림 2-11-2-2] 멀지큐브 사용해보기

Tip 멀지큐브 관련 앱은 스토어에서 찾을 수 있습니다.

(스마트폰과 태블릿 PC 기종에 따라 AR이 사용 불가할 수 있습니다.)

3) 2차시 – 멀지큐브 기능 학습 및 배운 내용 정리

(1) 멀지큐브를 이용한 코딩 학습하기

라이브러리 〉 만들기 〉 (패널, 원)을 가져와 배치합니다.

[그림 2-11-2-3] 오브젝트 구성하기

[그림 2-11-2-4] 정보창을 활용한 정리 자료 보여주기(코블록스)

Tip1   문장이 길어질 때 자모음이 분리되는 현상이 있는데 오타를 무시하고 작성 후 오타를 지우
면 됩니다.

Tip2   이미지 파일을 불러와 정보를 덧붙일 수 있습니다.

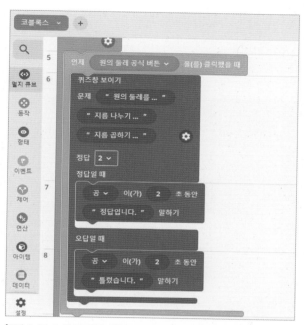

[그림 2-11-2-5] 퀴즈창을 활용하여 배운 내용 정리하기(코블록스)

Tip 1 정답이 첫 번째면 정답 1로 설정, 정답이 두 번째이면 정답 2로 설정합니다.

Tip 2 '코블록스에서 사용' 기능을 활용할 때는 텍스트가 아닌 패널을 고른 후 코딩해야 작동하기
       쉽습니다.

(2) 배운 내용을 바탕으로 정리 자료 만들어보기

정보제공 형식으로 제시하려면 정보창 보이기 블록을, 퀴즈 형식으로 제시하려면 퀴즈창 보이기 블록을 사용합니다.

[그림 2-11-2-6] 멀지큐브로 배운 내용 코딩하기

Tip 1 애니메이션이나 코블록스를 통한 오브젝트의 움직임도 사용할 수 있습니다.

Tip 2 오브젝트를 큐브 주변에 배치할 수도 있고 큐브 바깥쪽에도 자유롭게 배치할 수 있습니다.

Tip 2 필요에 따라서 큐브 모양을 투명하게 하고 오브젝트만 보이도록 만들 수 있습니다.

4) 3차시 - AR을 통한 정리 자료 발표 및 공유

AR 실행화면

정보창

퀴즈창

퀴즈 결과

[그림 2-11-2-7] 만든 작품 사용 예시

https://bit.ly/350rQYk

[그림 2-11-2-8] 위 예시 작품 링크

5) 제언

초등학생 기준으로 40분 수업 중 마지막 정리 활동으로 넣기에는 시간이 다소 걸립니다. 단원의 마무리 활동으로 구성하거나 블록 타임 수업으로 구성하는 것이 적절하다고 판단됩니다. 만약 학습 대상이 중·고등학생이고 코딩 수업에 익숙하다면 한 수업 내에서 마무리 정리 활동으로 만드는 게 가능할 것으로 보입니다.

정보창을 이용해서 학습한 주요 내용을 다른 친구들에게 설명하는 방식으로 진행하거나 퀴즈 창을 이용해서 다른 친구들이 문제를 풀어 맞출 수 있는 구성할 수 있습니다. 그리고 주제와 어울리는 오브젝트를 가져와서 멀지큐브를 꾸밀 수 있습니다. 꼭 큐브에 결합하여 만들어야 하는 것이 아니므로 큐브 모양을 없앨 수도 있고 큐브 주변으로 오브젝트를 구성할 수 있어 창의성을 발휘하면 다양한 작품이 나올 수 있습니다.

학습한 내용 중에서 각자 중요하다고 생각했던 부분을 패들렛을 통해 학생끼리 공유할 수 있고 배운 내용을 한 번 더 복습할 수 있습니다.

주의할 점은 멀지큐브를 만드는 과정에 너무 많은 시간을 할애하여 본래 학습하고자 했던 내용에 소홀해지지 않아야 한다는 것입니다.

memo

12. 인공지능, 지구를 지켜줘!
- 엔트리 데이터 분석, 머신러닝

들어가며

학생들에게 반드시 길러주어야 할 한 가지를 고르라고 한다면 선생님께서는 무엇을 고르시겠습니까? 독서를 통한 문해력, 수학 교과를 통한 사고력 신장, 올바른 역사의식 등 많은 것들이 이에 대해 답이 될 수 있을 것입니다. 이 질문에 대해 저 개인적으로는 환경교육을 통한 환경 감수성 함양이라고 대답하고 싶습니다. 지구촌 곳곳에서 나타나는 기후 위기, 환경재난의 상황에서 미래 세대가 이에 적응할 수 있도록 환경교육이 필요하다고 생각합니다.

이에 따라 학생들이 환경과 환경 문제에 대한 이해를 바탕으로 올바른 가치판단을 하고, 기능을 습득하여 환경친화적인 태도를 길러 환경보호 활동에 참여하도록 프로젝트 학습을 진행하였습니다. 특히 프로젝트 학습 중 환경 문제에 대한 이해와 실천을 위해 데이터 분석과 머신러닝을 활용하여 수업을 진행해 보았습니다. 이러한 수업 예시를 통해 데이터 분석과 머신러닝이 교과에 융합되어 더 다양하고 풍부한 수업이 이루어지기를 기대합니다.

인공지능, 지구를 지켜줘!

01. 지구 지킴이 프로젝트 수업 개관

1) 프로젝트 수업 개관

대상 학년	초등학교 5~6학년
교육 목표	지구촌에서 나타나는 환경 문제에 대해 인식하고 환경보호를 위한 다양한 노력을 실천함으로써 조화로운 삶을 살아가는데 필요한 의지와 역량을 기른다.
수업 의도	본 프로젝트 학습은 학습자가 환경에 대한 다양한 경험을 통해 감수성을 갖고 자신의 주변과 지역 환경에 관한 탐구를 통하여 인간과 환경의 관계를 이해하는 것을 목표로 합니다. 학생들은 학습 과정에서 데이터 분석을 통해 기후 위기에 대해 인식하고, 머신러닝을 활용하여 환경보호를 실천하게 됩니다. 이를 통해 일상생활의 환경 문제를 인식하고 해결하는 기초적인 능력을 기르고, 지속가능한 미래를 위해 세계시민으로서 참여하는 경험을 할 수 있을 것으로 기대합니다.

2) 교수·학습 활동 흐름

학습 요소	교수·학습 활동	관련 교과
해결할 문제 확인하기	**1차시** ● 프로젝트 도입 및 관련 도서 선정	국어

	2~3차시 • 책 읽고 내용 파악하기 • 생각 나누기	국어
	4~5차시 • 다양한 환경 문제 조사하여 발표하기	
자료 수집 및 해결 방법 도출하기	**6차시** • 엔트리 기본기능, 데이터 분석 익히기	실과
	7차시 • 지구촌에서 나타나는 다양한 환경 문제와 환경보호의 필요성 알아보기 　[활동 1] 지구촌 환경 문제 알아보기 　[활동 2] 우리나라 기온 변화 예측하기 　[활동 3] 기온 변화에 따른 지구의 모습	사회, 과학, 실과
	8~9차시 • 환경 문제를 해결하기 위한 자료를 수집하여 주장하는 글쓰기	국어
해결 방법 실행하기	**10차시** • 엔트리 머신러닝 익히기	실과
	11~12차시 • 지속가능한 미래에 대해 알아보고 지속가능한 미래를 만드는 방안을 　찾아 실천하기 　[활동 1] '지속가능한 미래' 알아보기 　[활동 2] 환경 문제를 해결하기 위한 개인, 기업, 국가의 노력 알아보기 　[활동 3] 지속가능한 미래를 위해 실천하기	사회, 실과
	13~14차시 • 환경을 생각하는 생산과 소비 생활을 알아보고 이에 대한 캠페인 자 　료 만들기	사회, 미술
정리 및 평가	**15차시** • 프로젝트 정리 및 평가	

3) 학습 요소별 성취 수준

학습 요소		교수·학습 활동
7차시 지구촌에서 나타나는 다양한 환경 문제와 환경보호의 필요성 알아보기	상	지구촌의 환경 문제와 평균 기온 변화 문제를 이해하고 환경보호의 필요성에 대해 인식할 수 있다.
	중	지구촌의 환경 문제와 평균 기온 변화 문제를 이해하고 있으나, 환경보호의 필요성을 인식하는 데 어려움이 있다.
	하	지구촌의 환경 문제와 평균 기온 변화를 알아보는 활동에 어려움이 있으며 환경보호의 필요성에 대해 인식하지 못한다.
12~13차시 지속가능한 미래에 대해 알아보고 지속가능한 미래를 만드는 방안을 찾아 실천하기	상	'지속가능한 미래'의 의미를 이해하고 지속가능한 미래를 만드는 방안을 찾아 실천할 수 있다.
	중	'지속가능한 미래'에 대해 이해하고 있으나, 지속가능한 미래를 만드는 방안을 찾아 실천하는 데 어려움이 있다.
	하	'지속가능한 미래'에 대해 이해하는 데 어려움이 있으며 지속가능한 미래를 만드는 방안을 찾아 실천하지 못한다.

02. 데이터 분석으로 환경 문제 인식하기

1) 교실에 분리수거함이 없다!

새로운 학교로 옮기고 짐을 풀어 교실을 정리하던 중 적잖이 당황했던 적이 있습니다. 여느 학교 어느 교실에 가도 있던 분리수거함이 새 교실에는 없었습니다. '우리 반만 없는 건가?' 하는 생각에 옆 교실에 가서 창문 너머로 살펴보니 옆 교실에도 분리수거함이 없었습니다. 학생들에게 쓰레기를 어떻게 버리는지 물어봤을 때 그냥 일반 쓰레기에 다 버리면 된다고 대답하는 해맑은 학생들의 표정과 함께 지구 지킴이 프로젝트 학습이 시작되었습니다.

2) 수업을 시작하며

지난 100년 동안 지구 평균 온도는 얼마나 올랐을까요? 실제로 지구 평균 온도는 지난 100년 동안 약 1도가 올랐다고 합니다. 평균 기온 1도가 올랐을 뿐인데 지구촌 곳곳에서 다양한 환경 문제가 발생하고 있다니 참으로 무섭기도 합니다.

[그림 2-12-1] 영상 6도의 비밀

학생들의 학습 동기를 유발하기 위해 앞에서와 같은 질문을 던지고 답을 예상해 보도록 합니다. 학생들은 평균 기온 1도 상승이 환경재난을 일으킨다는 사실에 깜짝 놀라는 반응이었습니다. 그 후 관련 영상 '6도의 비밀'[6]을 보고 '지구 평균 기온 1도 상승'이 가지는 의미를 생각해 보도록 합니다.

3) 활동1: 지구촌 환경 문제 알아보기

첫 번째 활동은 사회 교과와 연계하여 지구촌에서 나타나는 다양한 환경 문제를 알아보는 것입니다. 학생들은 이미 알고 있거나 자신이 심각하다고 느끼는 환경 문제에 관한 신문 기사, 뉴스 등을 찾아 패들렛에 공유하고 다른 학생들의 자료를 살펴보고 생각이나 느낌을 공유합니다.

---

6) Ep23 "6도의 비밀". 0:00-2:30, KBS지식. 2016. https://youtu.be/JuXW_zYXwv0

4) 활동2: 우리나라 기온 변화 예측하기

두 번째 활동에서는 엔트리의 데이터 분석과 인공지능 모델을 활용하여 우리나라 평균 기온이 어떻게 변화하는지 예측해 봅니다. 학생들은 실제 우리나라의 평균 기온이 어떻게 변했는지 알아보고 인공지능을 사용하여 앞으로의 기온을 예측해 보는 활동을 하게 됩니다.

엔트리를 사용하기 전에 꼭 해야 할 것이 있습니다. 학생들이 단순히 교사의 화면을 따라서 하기보다, 스스로 생각하며 주어진 문제를 해결할 수 있도록 프로젝트 분석 과정이 필요합니다. 이를 위해 프로그램이 어떻게 작동하고, 어느 블록이 사용되며, 어떤 단계로 진행이 되는지 생각하도록 안내합니다.

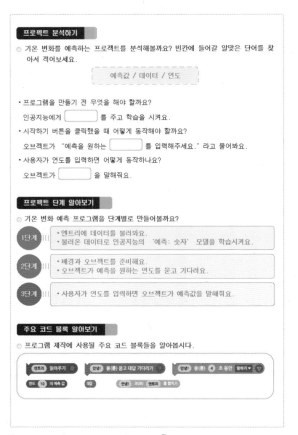

[그림 2-12-2] 프로젝트 분석하기 학습지[7]

엔트리에 데이터를 불러와 우리나라 연평균 기온이 어땠는지 살펴봅니다. 그리고 이 데이터를 활용하여 엔트리 인공지능의 '예측: 숫자' 모델을 학습시킵니다. 본 활동에서 데이터는 엔트리에서 제공하는 계절별 기온을 사용하였습니다.

---

7) 학생 학습지(패들렛). https://bit.ly/33gkwqV

	A	B	C	D	E	F
1	연도	연평균	봄	여름	가을	겨울
2	1973	12.4	11.6	24.5	12.9	-1.4
3	1974	11.4	10.8	22.4	13	-0.1
4	1975	12.6	11.2	23.9	15.5	0.3
5	1976	11.7	10.9	22.6	12.5	-1.7
6	1977	12.3	11.8	23.5	15	0.7
7	1978	12.8	11.7	24.7	14.3	2.2
8	1979	12.6	11.2	23.5	13.6	-0.2
9	1980	11.2	11	22.1	13.4	-2.3
10	1981	11.7	11.5	23.6	12.2	-0.1
11	1982	12.4		23.4		

[그림 2-12-3] 데이터 불러오기

[그림 2-12-4] 예측: 숫자 모델 학습

학습시킨 인공지능 모델을 활용하여 예측을 원하는 연도를 물어보고 예측값을 대답해 주는 프로그램을 제작합니다. 프로그램은 예측을 원하는 연도를 물어보고 예측값을 대답하는 단순한 기능을 구현하기 위한 최소한의 블록만을 사용했습니다. 학생들의 수준에 따라 리스트, 변수 등과 같은 블록을 사용하여 프로그램에 기능을 더할 수도 있습니다.

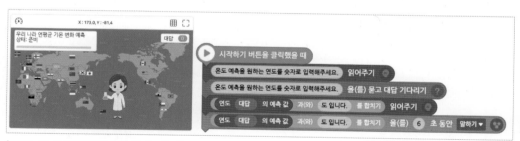

[그림 2-12-5] 화면 구성과 프로그램 코드 블록[8]

앞으로 30년 뒤 우리나라 평균 기온은 어떻게 될지 예측해 보고 그렇게 생각한 까닭을 발표하도록 합니다. 학생들은 자신이 만든 프로그램을 바탕으로 앞으로 지구의 평균 온도가 올라갈 것으로 예측했습니다.

---

8) 엔트리 우리나라 연평균 기온 변화 예측. http://naver.me/5Db8QRdE

5) 활동3: 기온 변화에 따른 지구의 모습 상상하기

마지막 활동으로 평균 기온이 올랐을 때 앞으로 어떤 일이 일어나게 될지 상상해 보고, 관련 영상[9]을 통해 평균 기온이 상승한 미래 지구의 모습을 살펴봅니다. 이 활동을 통해 환경 문제의 심각성을 인식하고 환경보호의 필요성에 대해 공감할 수 있도록 지도합니다.

[그림 2-5-1] 1학년 통합교과 '여름'의 해당 장면

6) 수업을 마치며

학습을 마무리하며 학습한 내용을 정리하고 패들렛에 활동을 하며 느낀 점이나 새롭게 알게 된 것을 기록하고 수업을 마칩니다.

[그림 2-12-7] 교수·학습 결과[10]

---

9) 집사부일체. 3:02. SBS Entertainment. 2020. https://youtu.be/kBlo6t4hBjQ

10) 학습 활동 결과물. https://bit.ly/33gkwqV

03. 머신러닝으로 환경보호 실천하기

1) 선생님! 이건 어디에 버려요?

저희 반에는 특수학급 친구가 한 명 있습니다. 교실에 분리수거함이 생기고 난 후 쓰레기를 버릴 때마다 이 친구는 저에게 꼭 한 번씩 물어봅니다. "선생님! 이건 어디에 버려요?" 학급 친구들에게도 물어봅니다. "이거 여기 맞아?" 본 수업은 특수학급 친구의 분리수거 물음에 "분리수거 알려주는 로봇 어디 없나?"라는 어느 한 학생의 혼잣말에서 시작합니다.

2) 수업을 시작하며

성장, 발전을 위한 개발과 환경보호 중 무엇이 우선이 되어야 한다고 생각하시나요? 이 질문에 대한 답은 개인의 가치관에 따라 다르고, 이와 관련된 갈등은 우리 사회에서 종종 논쟁거리가 되기도 합니다.

[그림 2-12-8] 보존과 개발 갈등

학생들의 학습 동기를 유발하기 위해 개발과 환경보호 사이에서 나타나는 갈등 사례 영상[11]을 보여주고, 무엇이 더 중요한지 생각해 보도록 하였습니다. 저희 반 학생들은 '그래도 환경보호가 더 중요하다.'라고 답하는 학생이 많았습니다.

---

11) '보존과 개발' 사이 갈등. 5:22, JTBC News, 2020. https://youtu.be/93zOfFdRkHs

3) 활동1: '지속가능한 미래' 알아보기

학습에 대한 동기를 유발하기 위해 개발과 환경보호에 관한 질문을 던졌지만, 사실 우리는 이 두 가지 중 어느 하나만을 선택할 수는 없습니다. 더 나은 삶을 위한 인류의 발전은 분명 필요합니다. 하지만 미래 세대에 대해서도 생각하지 않을 수 없습니다.

[그림 2-12-9] 지속가능한 미래

'지속가능한 미래'는 오늘날의 발전 뿐만 아니라 미래 세대의 환경과 발전을 위해 책임감 있게 행동해 지구촌의 지속가능성을 높여가는 것입니다. 학생들은 영상[12] 을 통해 지속가능한 미래가 무엇이고 어떻게 행동해야 하는지 생각하도록 합니다.

4) 활동2: 환경 문제 해결을 위한 개인, 기업, 국가의 노력 알아보기

두 번째 활동으로는 환경 문제를 해결하기 위해 개인, 기업, 국가는 어떤 노력을 하고 있는지 조사해 보고 패들렛에 공유하도록 합니다. 분리수거를 실천하는 개인적인 노력부터 친환경 제품을 생산하는 기업의 모습, 기후협약을 맺고 다른 나라와 협력하는 국가의 모습까지 학생들이 찾은 다양한 노력이 패들렛에 공유되었습니다.

5) 활동3: 지속가능한 미래를 위해 지금! 바로! 우리가 실천해요

---

12) 전 세계가 함께 하는 지속가능 발전 목표. 2:58. 환경부. 2019. https://youtu.be/A_u3w4Lt3gQ

세 번째 활동은 앞에서 실천으로 나아가기 위해, 분리수거 도우미 프로그램을 만들어 분리수거를 직접 실천합니다. 먼저 실과 교과 가정생활 영역의 내가 할 수 있는 집안일과 연계하여 프로그램 제작에 필요한 분리수거 방법을 알아봅니다. 분리수거 방법 영상[13]을 보면서 학생들은 자신이 어떤 종류의 분리수거 물품을 인공지능에 학습시킬 것인지 계획합니다. 또 물품에 따른 분리수거 방법을 어떻게 설명할지 미리 생각할 수 있도록 교사의 안내가 필요합니다. 그 후 학생들에게 인공지능 학습에 필요한 분리수거 물품을 수집하도록 하였습니다.

프로그램을 만들기 전에 프로젝트에 대해서 분석합니다. 학습지를 통해 프로그램의 작동 방식, 제작에 사용되는 블록, 단계별 제작 과정을 알아봅니다.

[그림 2-12-10] 분리수거 방법 영상

프로젝트 분석하기

○ 분리수거 도우미 프로젝트를 분석해볼까요? 빈칸에 들어갈 알맞은 단어를 찾아서 적어보세요.

캔 / 플라스틱 / 사진

• 프로그램을 만들기 전 무엇을 해야 할까요?
인공지능에게 종류별 분리수거 물품 [   ]을 찍어 학습시켜요.
• 음료수 캔을 카메라에 비췄을 때 어떻게 동작하나요?
오브젝트가 "내용물을 씻어서 [   ]에 버려주세요." 라고 말해줘요.
• 페트병을 카메라에 비췄을 때 어떻게 동작하나요?
오브젝트가 "라벨을 제거하고 [   ]에 버려주세요." 라고 말해줘요.

[그림 2-12-11] 프로젝트 분석하기 학습지[14]

프로젝트 단계 알아보기

○ 분리수거 도우미 프로그램을 단계별로 만들어볼까요?

1단계	• 인공지능 '분류: 이미지' 모델에서 분리수거 물품을 카메라로 촬영하여 인공지능을 학습시켜요.
2단계	• 배경과 오브젝트를 준비해요. • 시작 버튼을 클릭하면 카메라가 켜지고 분류를 시작해요.
3단계	• 카메라에 인식된 이미지에 따라 오브젝트가 이미지에 맞는 종류와 분리수거 방법을 말해줘요.
기능 더하기	• 반복하기 블록을 사용하여 여러 분리수거 물품을 분류할 수 있도록 기능을 추가해요.

[그림 2-12-12] 프로젝트 단계 알아보기 학습지

---

13) 슬기로운 쓰레기 배출 생활. 0:00~5:23. 환경교육포털 사이트. 2021. https://youtu.be/kOx3KZB4Miw
14) 학생 학습지(패들렛). https://bit.ly/3gGl77b

엔트리 인공지능의 '분류: 이미지' 모델 학습을 진행합니다. 분리수거 종류에 따라 클래스를 만들고 해당하는 클래스에 물품을 카메라로 촬영하여 인공지능 모델을 학습시킵니다.

[그림 2-12-13] 데이터 입력하기

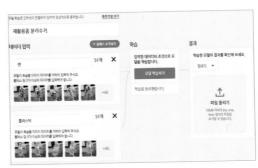

[그림 2-12-14] 분류: 이미지 모델 학습

학습시킨 인공지능 모델을 적용하여 분리수거 도우미 프로그램을 제작합니다. 프로그램은 학생의 수준을 고려하여 물품을 카메라에 비추면 어디에, 어떻게 분리수거를 하는지 말해주는 단순한 기능을 구현하기 위해 최소한의 블록들을 사용하였습니다. 이렇게 제작한 분리수거 프로그램을 사용하여 직접 분리수거를 실천합니다.

[그림 2-12-15] 화면 구성과 프로그램 코드 블록[15]

---

15) 엔트리 재활용품분리수거, http://naver.me/xbplvKsR

6) 수업을 마치며

학습을 마무리하며 학습한 내용을 정리하고 패들렛[16]에 활동을 하며 느낀 점이나 새롭게 알게 된 것을 기록합니다.

[그림 2-12-16] 교수·학습 결과

04. 제언

수업을 진행하면서 학생들이 가장 크게 보인 반응은 주어진 데이터를 바탕으로 인공지능이 학

---

16) 학습 활동 결과물(패들렛), https://bit.ly/3gGl77b

습도 하고 예측도 할 수 있다는 사실에 대한 신기함이었습니다. 학생들은 자신이 입력한 분리수거 사진 데이터를 바탕으로 학습시킨 인공지능의 인식률이 꽤 높다는 것에 흥미로워하는 반응을 보였습니다. 한편으로 지구 환경을 보호해야 한다는 것을 알고는 있었지만, 인공지능을 활용해서 예측해 보니 이제는 환경보호가 더 절실하게 와닿았다는 반응도 있었습니다. 또 일상생활 속에서 분리수거는 꽤 귀찮은 일이었는데, 분리수거 도우미 프로그램을 사용하면 재미있게 분리수거를 할 수 있을 것 같다고 하는 반응도 나타났습니다.

교사의 관점에서 살펴보면 단순히 환경보호의 필요성을 말하기보다 학생들이 직접 데이터를 눈으로 확인하고 예측하는 활동을 통해 환경보호의 필요성에 대해 더 깊게 공감할 수 있도록 하는 수업이었다는 생각이 듭니다. 또 학생들의 생활 속에서 데이터 분석과 인공지능을 활용하여 문제를 해결할 수 있다는 점이 좋았습니다. 단순하게 환경보호의 필요성을 이해하고 올바른 분리수거 방법을 배우는 것에서 나아가 즐겁게 실천하는 경험을 학생에게 제공할 수 있다는 점에서 긍정적이었습니다.

무엇보다 인공지능 융합 수업은 학생 중심 수업을 가능하게 하고 배움과 삶이 일치되는 학습이 이루어지도록 하는 데 도움이 되었다는 생각이 듭니다. 교과 내용과 인공지능의 융합이 학생이 중심이 되는 흥미로운 수업을 설계하고 운영하고자 하는 선생님들께 하나의 좋은 수단이 될 수 있기를 기대합니다.

memo

13. 학생들이 찾아서 배우는
과학실 안전 지도
-네이버 스마트렌즈,
구글 렌즈를 활용한 안전 교육

들어가며

　과학 수업은 주로 실험으로 이루어져 있는 시간입니다. 과학실에는 다른 곳에서는 보지 못할 신기한 약품들, 실험 기구들이 가득합니다. 여러 가지 재료들과 기구들을 꺼내 가설을 세우고 실험을 해보며 결과를 도출하고 직접 실험을 수정해보기도 하는 과학실에서의 실험 수업은 학생들 중심으로 흘러가는 수업이 대부분입니다. 그래서 학생들의 호기심과 관심도가 높은 수업이기도 합니다.

　반면에 이 수업의 조건들이 교사들에게는 불안과 긴장의 요소가 되기도 합니다. 아이들의 호기심이 발동되어 약품이나 기구를 다루다가 다치는 경우도 많습니다. 사고 발생 시 학생들이 어떻게 처리해야 할지 몰라 당황해하는 경우가 대부분입니다.

　이런 이유로 과학실에는 굉장히 다양한 안전을 위한 도구들이 곳곳에 비치되어 있습니다. 안전을 위한 책자에서부터 긴급샤워 시설까지 한 공간 안에 많이 비치되어 있으나 주의 깊게 보는 학생들은 없습니다. 이 수업은 학생들이 과학실 안전 기구들을 주의 깊게 보게 하여 안전 교육이 학생 주도로 이루어지도록 합니다.

　과학 실험 수업 전에는 5분 안전 교육을 하게 되어있습니다. 교사들의 일방적인 수업보다 학생들이 주도적으로 과학실의 안전 기구들을 살펴보게 할 수 있는 수업입니다. 학생들의 참여로 인하여 더 자세히 안전 교육이 이루어집니다. 모둠별로 회의를 하며 한 명이 조사할 때 놓쳤던 부분을 공유하며 과학실 안전 지도를 완성합니다.

학생들이 찾아서 배우는 과학실 안전 지도

01. 수업 흐름

1차시로 가능한 간단한 수업입니다.

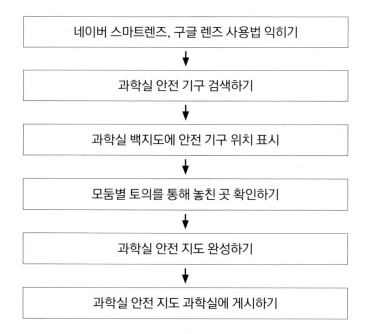

```
네이버 스마트렌즈, 구글 렌즈 사용법 익히기
        ↓
과학실 안전 기구 검색하기
        ↓
과학실 백지도에 안전 기구 위치 표시
        ↓
모둠별 토의를 통해 놓친 곳 확인하기
        ↓
과학실 안전 지도 완성하기
        ↓
과학실 안전 지도 과학실에 게시하기
```

02. 네이버 스마트렌즈, 구글 렌즈 사용법

네이버 스마트렌즈, 구글 렌즈 설치 및 활용

네이버 스마트렌즈는 네이버 앱을 다운받아 이용하거나 네이버 사이트에서 직접 활용하고, 구글 렌즈는 설치해야 합니다. 이 수업은 태블릿PC, 스마트폰을 사용하는 것이 가장 효율적입니다.

03. 안전 기구 검색하기

안전기구 검색하기

스마트폰이나 태블릿PC를 이용하여 과학실 곳곳에 있는 안전 기구를 검색합니다. 사진을 찍어 검색할 때 사용 방법을 자세히 살펴보기를 안내합니다.

후에 과학실 안전 지도에 위치를 표시한다는 것도 미리 안내를 아이들이 안전 지도 작성하는 것이 수월합니다.

[그림 2-13-1] 태블릿PC로 안전 기구를 검색하는 모습

04. 과학실 안전 지도 작성하기

1) 과학실 백지도에 안전 기구 위치 표시

과학실 백지도를 배부하여 안전 기구들의 위치를 표시하고 사용 방법을 적게 합니다. 과학실 백지도는 과학실의 책상 위치만 간단히 표시해 주는 것이 좋습니다. 백지도 밑에 큰 빈칸을 두어 조사한 내용을 자세히 적도록 합니다. 활동은 모둠별, 개인별 모두 가능합니다.

[그림 2-13-2] 모둠별로 토의하는 모습

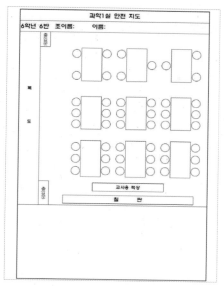

[그림 2-13-3] 과학실 안전 백지도 예시

2) 모둠별로 토의를 통해 놓친 부분 찾기

작성한 안전 지도를 가지고 모둠 친구들과 함께 살펴보며 놓친 부분이 있는지 확인합니다. 이 과정에서 같은 기구를 검색하였더라도 다른 시점에서 볼 수 있고 또 다른 기구를 찾을 수도 있습니다.

협의할 때 놓친 부분을 찾으면서 어떤 위기 상황에서 사용하는 기구일지 토의해보게 하는 것도 좋습니다.

3) 과학실 안전 지도 완성하기

모둠별로 토의한 내용을 바탕으로 안전 지도를 완성합니다.

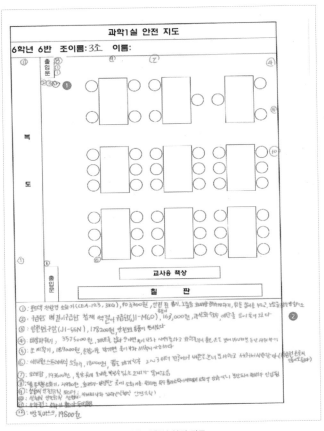

[그림 2-13-4] 실제 학생들이 작성한 과학실 안전 지도

① 조사한 기구들을 선서대로 나열하여 번호를 매겨 지도에 위치를 표시합니다.

② 지도 아래에 있는 빈칸에 기구 이름과 조사한 정보를 적습니다.

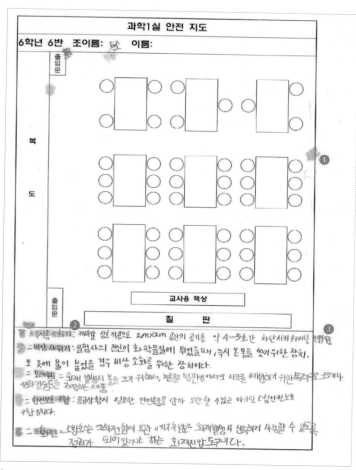

[그림 2-13-5] 실제 학생들이 작성한 과학실 안전 지도

① 조사한 기구들을 색으로 구별하여 위치를 표시합니다.

② 색이 나타내고 있는 기구들의 이름을 적어줍니다.

③ 지도 아래에 있는 빈칸에 기구의 사용법 및 주의 사항을 함께 조사하여 적어줍니다.

4) 과학 실험 안전 교육

완성한 안전 지도를 과학실에 부착해 두고 과학 실험 수업이 시작 때마다 5분 안전 교육을 하면 훨씬 효과적입니다. 또한, 안전 지도를 보며 불이 났을 때, 약품이 눈에 들어갔을 때 등등 상황에 따른 안전 교육을 시행하면 학생들이 답을 찾아내기가 훨씬 쉬워집니다.

05. 수업을 위한 제언

수업을 한 학교의 과학실은 현대화 사업을 한 지 얼마 안 된 학교였기에 안전 기구들이 곳곳에 비치되어 있습니다. 교사도 처음 보는 안전 기구들이 가득하여 함께 공부할 방법을 찾다가 고안해 낸 수업입니다.

실험하기 전에 안전 지도를 해야 할 기구들이 가득합니다. 실험 시간마다 설명할 실험 도구들도 많고 용액도 많습니다. 실험 전 5분의 안전 교육 시간에 할 말은 많고 시간은 늘 부족했습니다.

학기 초 과학실 안전 교육을 할 때 안전 지도 수업을 하고 벽에 부착하거나 화면으로 띄워놓으면 과학실 실험 안전 교육 시간을 줄일 수 있습니다. 더불어 학생들이 스스로 작성한 지도이기에 교육 효과는 훨씬 뛰어납니다. 인터넷에 무엇이라고 검색해야 할지 모르는, 상표가 떨어진 채로 설치된 기구들을 조사하였을 땐 학습 효과가 더 좋았습니다.

과학뿐만 아니라 체육의 안전 교육 시간에 활용했을 때 교육 효과가 좋았습니다. 무심코 지나쳤던 체육 기구들이나 강당 안전 기구, 운동장 놀이 기구 등을 검색하여 활용법을 설명해주는 영상들을 찾아보며 더 효율적인 운동 수업을 할 수 있습니다.

memo

에듀테크 FOR 클래스룸 :
한 권으로 끝내는 원격 수업 도구의 모든 것

박찬, 김병석, 전수연, 전은경, 진성임, 정선재, 강윤진, 변문경 | 416쪽 | 25,000원

원격수업에 필요한 모든 디지털 도구의 활용 노하우를 이 한 권에 담았습니다.

온·오프라인 수업에 에듀테크를 더하면 더 편리하게 흥미로운 수업을 설계하고 실현할 수 있습니다.

주요 내용: 온라인 수업, 블랜디드 러닝, 플립트 러닝, 디지털 리터러시, 띵커벨, 카훗, 패들렛, 멘티미터, 실시간 쌍방향 수업, 줌(Zoom), 구글 Meet, 카카오 TV, 영상녹화, PPT 녹화, 윈도우 게임 녹화, OBS, zoom it, 영상편집, 클로버더빙, 브루(Vrew), 곰믹스 (Gom Mix), 유튜브영상 올리기, 무료 폰트, 무료 이미지, 무료 음원, 미리캔버스, 구글 플랫폼 활용하기, 구글 설문, 구글프리젠테이션, 구글스프레드시트, 구글 사이트 도구

우리 아이 AI: 4차 산업혁명 시대 인공지능 융합교육법

박찬, 김병석, 전수연, 전은경, 홍수빈, 진성임, 문혜진, 김성빈, 정선재, 강윤진,

변문경, 권해연, 박서희, 이정훈 공저 | 320쪽 | 24,000원

인공지능 교육은 어떤 방향성을 가지고 진행해야 할까요? 인공지능 교육에 대한 정보, 고민과 해답을 "우리 아이 AI" 이 한 권에 담았습니다. 인공지능 교육은 일상생활에서 문제를 해결을 위한 인공지능 활용 교육이 중심이 되어야 합니다. 인공지능 교육에 대한 방향성, 선진 인공지능 교육 사례, 스마트 폰 속 인공지능 도구에 대한 교육적 활용 방법을 소개한 첫 책입니다.

쉽게 따라 하는 인공지능 FOR 클래스룸

박찬, 전수연, 진성임, 손미현, 노희진, 정선재, 강윤진, 이정훈 | 212쪽 | 18,000원

온·오프라인 수업에서 인공지능을 활용할 수 있는 가장 실용적인 지침서입니다.
온·오프라인 수업에서 실현하는 인공지능 에듀테크의 모든 것을 이 한 권에 담았습니다.

4차 산업 수업 혁명: with STEAM 교육 & Maker 교육

최인수, 변문경, 박찬, 김병석, 박정민, 전수연, 전은경 공저 | 264쪽 | 25,000원

STEAM 융합 교육에서 SW 교육으로 더나아가 만들기 활동으로 세상과 상호작용할 수 있는 메이커 교육이 확대되고 있습니다. 이렇게 교육 혁신이 가속화되는 이유는 4차 산업혁명으로 사회, 경제적 시스템이 변화하며 미래 인재상도 변화하기 때문입니다. 이러한 교육의 패러다임의 전환기에, 본 책은 인간 본연의 창의성을 강화하기 위한 메이커 교육의 역사와 정신, 방향성을 제시하고 있습니다. 또한 이 책의 저자들은 코딩 교육, STEAM 융합 교육, 그리고 메이커 교육의 이상적인 통합 방법을 사례를 통해 보여줍니다.